国家示范校建设计算机系列规划教材

编委会

总　编：叶军峰

编　委：成振洋　吕惠敏　谭燕伟　林文婷　刁郁葵
　　　　蒋碧涛　肖志舟　关坚雄　张慧英　劳嘉昇
　　　　梁庆枫　邝嘉伟　陈洁莹　李智豪　徐务棠
　　　　曾　文　程勇军　梁国文　陈国明　李健君
　　　　马　莉　彭　昶　杨海亮　蒙晓梅　罗志明
　　　　谢　晗　贺朝新　周挺兴

顾　问：
　　　　谢赞福　广东技术师范学院计算机科学学院副院长，教授，硕士生导师
　　　　熊露颖　思科系统（中国）网络技术有限公司"思科网络学院"项目经理
　　　　林欣宏　广东唯康教育科技股份有限公司区域经理
　　　　李　勇　广州生产力职业技能培训中心主任
　　　　李建勇　广州神州数码有限公司客户服务中心客户经理
　　　　庞宇明　金蝶软件（中国）有限公司广州分公司信息技术服务管理师、培训教育业务部经理
　　　　梅羲斌　广州斯利文信息科技发展有限公司工程部经理

国家示范校建设计算机系列规划教材

终端产品销售轻松入门

主　编　马　莉
副主编　陈洁莹　彭　昶
参　编　黄曦帆　胡　旻

暨南大学出版社
JINAN UNIVERSITY PRESS

中国·广州

图书在版编目（CIP）数据

终端产品销售轻松入门/马莉主编．—广州：暨南大学出版社，2014.5
（国家示范校建设计算机系列规划教材）
ISBN 978 - 7 - 5668 - 0967 - 4

Ⅰ.①终…　Ⅱ.①马…　Ⅲ.①移动终端—销售学—高等学校—教材
Ⅳ.①F724.746

中国版本图书馆 CIP 数据核字（2014）第 054996 号

出版发行：暨南大学出版社

地　　址：中国广州暨南大学
电　　话：总编室（8620）85221601
　　　　　营销部（8620）85225284　85228291　85228292（邮购）
传　　真：（8620）85221583（办公室）　85223774（营销部）
邮　　编：510630
网　　址：http：//www.jnupress.com　http：//press.jnu.edu.cn

排　　版：广州市天河星辰文化发展部照排中心
印　　刷：广东广州日报传媒股份有限公司印务分公司

开　　本：787mm×1092mm　1/16
印　　张：10.75
字　　数：197 千
版　　次：2014 年 5 月第 1 版
印　　次：2014 年 5 月第 1 次

定　　价：30.00 元

（暨大版图书如有印装质量问题，请与出版社总编室联系调换）

总　序

当前，提高教育教学质量已成为我国职业教育的核心问题，而教育教学质量的提高与中职学校内部的诸多因素有关，如办学理念、师资水平、课程体系、实践条件、生源质量以及教学评价等等。在这些影响因素中，无论从教学理论还是从教育实践来看，课程都是一个非常重要的因素。课程作为学校向学生提供教育教学服务的产品，不但对教学质量起着关键作用，而且也决定着学校核心竞争力和可持续发展能力。

"国家中等职业教育改革发展示范学校建设计划"的启动，标志着我国职业教育进入了一个前所未有的重要的改革阶段，课程建设与教学改革再次成为中职学校建设和发展的核心工作。广州市轻工高级技工学校作为"国家中等职业教育改革发展示范学校建设计划"的第二批立项建设单位，在"校企双制、工学结合"理念的指导下，经过两年的大胆探索与尝试，其重点专业的核心课程从教学模式到教学方法、从内容选择到评价方式等都发生了重大的变革；在一定程度上解决了长期以来困扰职业教育的两个重要问题，即课程设置、教学内容与企业需求相脱离，教学模式、教学方法与学生能力相脱离的问题；特别是在课程体系重构、教学内容改革、教材设计与编写等方面取得了可喜的成果。

广州市轻工高级技工学校计算机网络技术专业是国家示范性重点建设专业，采用目前先进的职业教育课程开发技术——工作过程导向的"典型工作任务分析法"（BAG）和"实践专家访谈会"（EXWOWO），通过整体化的职业资格研究，按照"从初学者到专家"的职业成长的逻辑规律，重新构建了学习领域模式的专业核心课程体系。在此基础上，将若干学习领域课程作为试点，开展了工学结合一体化课程实施的探索，设计并编写了用于帮助学生自主学习的学习材料——工作页。工作页作为学习领域课程教学实施中学生所使用的主要材料，能有效地帮助学生完成学习任务，实现了学习内容与职业工作的成功对接，使工学结合的理论实践一体化教学成为可能。

同时，丛书所承载的编写理念与思路、体例与架构、技术与方法，希望能为我国职业学校的课程与教学改革以及教材建设提供可供借鉴的思路与范式，起到一定的示范作用！

编委会
2014 年 3 月

前　言

电子产品营销，从 20 世纪 90 年代开始飞速发展，到今天已经达到无孔不入的地步，成为一名成功的电子产品销售者是许多年轻人的理想。

高职院校以培养高技能型人才为目标，为产业转型升级供给人才，但现有的课程本身存在诸多问题，课程目标偏离职业教育人才培养的目标，课程内容跟不上技术发展的步伐，教学方法不能满足现代职业教育对职业能力培养的要求。课程改革作为提高教学质量的核心势在必行。而基于协同创新的理念，通过学校和企业，学校部门，教研组之间协同合作，共同开发和实施职业院校课程改革将会是一种新的途径。

另外，作为示范校建设项目中计算机网络专业的核心课程，《终端产品销售轻松入门》来源于企业实践专家访谈会上梳理出来的典型工作任务，其开发应符合企业的最新要求，其实施也应立足于企业，因此需要学校和企业在协同创新的理念下开展深度校企合作。同时，计算机网络专业老师往往缺乏专业的销售技巧，因此，也需要商务专业的老师在协同创新理念下参与课程的开发与实施。

作者运用多年从事商务教学的经验，挖掘最新电子产品背后的品牌故事、技术特点和营销案例，让读者快速地跨过电子产品营销的门槛，掌握销售电子产品的核心思路。

本书从销售的入门技巧到各种电子产品的特点、营销技法都作了具体的介绍。同时以实际工作任务为引领，在理论基础和实际案例介绍后，都有基于工作过程的引导题目，让读者将各类知识融会贯通。

电子产品发展一日千里，虽然作者已尽力使产品资讯保持最新，但本书到读者手上时，产品信息难免滞后，请读者自行更新相关信息。准备时间有限，错漏难免，敬请海涵。

编　者
2014 年 2 月

目　录

终端产品销售轻松入门

学习情境一

卖手机

　　小明、小强、小东三人来到手机卖场，准备为自己挑选一台智能手机。作为销售人员，你如何让小明、小强、小东满意而归呢？下面就让我们看一下吧！

学习目标

1. 能利用网络资源搜集手机相关资料并说出手机产品的特点；
2. 能根据不同消费者的心态特点选择相应的手机进行推销；
3. 能灵活运用销售技巧推销手机产品；
4. 能在售后帮助顾客解决各类咨询和投诉问题。

1.1　卖家需要掌握的信息

　　熟练掌握知识的销售人员不一定是优秀的销售人员，但优秀的销售人员一定是熟练掌握产品知识的人。销售人员只要做足知识储备，必能在产品介绍时游刃有余，且能为销售成功增添砝码。

　　Jone 是一名中职毕业生。她毕业后选择了在中华广场卖手机。Jone 对着众多型号和款式的手机，感到很苦恼，因为她不知道应该如何掌握这些手机的特点。让我们一起帮帮她吧。

1.1.1 概述

随着科技的发展，手机的普及度越来越高，手机凭功能多，易携带等特点迅速被大众所接受。手机，早期又称"大哥大"，是可以在较广范围内使用的便携式电话终端，最早由摩托罗拉公司发明。迄今为止已发展至4G时代。

1.1.1.1 手机的分类

手机分为非智能手机（Feature Phone）和智能手机（Smart Phone）。

1. 非智能手机（Feature Phone）

非智能手机又称功能型手机，是移动电话的一种类型，在 iOS、Android、Windows Phone 等智能移动操作系统未面世前，很多非 PDA 类型的手机都统称为功能型手机。它的运算能力无法与智能手机媲美，但却能够大致满足某些群体的消费者要求。有些功能型手机只能用来打电话及收发短信，当然，它也可以安装一些应用程序，但是绝大多数都是由 JAVA 或 BREW 编写，且不容易安装或卸载，能够使用的应用程序接口比智能手机要少。

2. 智能手机（Smart Phone）

智能手机（Smart Phone），是指"像个人电脑一样，具有独立的操作系统，可以由用户自行安装软件、游戏、导航等第三方服务商提供的程序，通过此类程序来不断对手机的功能进行扩充，并可以通过移动通信网络来实现无线网络接入的这样一类手机的总称"。智能手机的普及范围已经布满全世界，因为智能手机具有优良的操作系统、可自由安装各类软件、大屏的全触屏式操作感这三大特性，它完全终结了前几年的键盘式手机，成为消费者购买的主流。

1.1.1.2 手机产品的特点

1. 非智能手机通用特点

（1）能够进行通话、收发短信等手机功能。

（2）省电，部分手机最长待机时间可达35天之多。

（3）内置附加功能足以满足低需求的消费者，如手电筒、录音机、简单的游戏、时钟及码表、收音机等功能软件。

（4）价格便宜。

（5）性能稳定及收讯质量较佳。

2. 智能手机通用特点

（1）能够进行通话、收发短信等手机功能。

（2）具备无线接入互联网的能力，即需要支持 GSM 网络下的 GPRS 或 CDMA 网络下的 CDMA 1X 或 3G 网络。

（3）具备 PDA 的功能，包括 PIM（个人信息管理）、日程记事、任务安排、多媒体应用、浏览网页等。

（4）具备一个开放性的操作系统，在这个操作系统平台上，可以安装更多的应用程序，从而使智能手机的功能得到无限的扩充。

（5）具有人性化的一面，可以根据个人需要扩展机器的功能。

（6）功能强大，扩展性能强，第三方软件支持多。

1.1.2 相关知识

1.1.2.1 智能手机操作系统

1. 谷歌 Android

中文名"安卓"或"安致"，其实尚未有统一中文名称。它是由谷歌、开放手持设备联盟联合研发，谷歌独家推出的智能操作系统。2011 年初，数据显示，仅正式上市两年的 Android 操作系统已经超越称霸十年的塞班操作系统，跃居全球第一。2012 年 11 月数据显示，安卓占据全球智能手机操作系统市场 76% 的份额，中国市场占有率为 90%，彻底占领中国智能手机市场，也成了全球最受欢迎的智能手机操作系统。谷歌推出安卓时采用开放源代码（开源）的形式，导致世界大量手机生产商采用安卓系统生产智能手机，再加上安卓在性能和其他各个方面也非常优良，便一举成为全球第一大智能操作系统。安卓在世界上最为强大的竞争对手为苹果公司研发推出的 iOS 智能操作系统和微软公司研发推出的 Windows Phone 智能操作系统，而在开发商上，三星电子（可简称三星，是三星集团旗下最大的子公司）和苹果公司也互为手机业竞争的死敌，三星也采用安卓智能系统生产智能手机，便与苹果公司共同打败了当年全球第一大手机生产商诺基亚。多年与强大对手苹果公司进行激烈的竞争让三星成为全球第二大手机生产商，而 2011 年 10 月底，三星智能手机出货量为 2 780 万部，在全球智能手机市场的份额为 23.8%，超越苹果成了全球手机出货量第一的手机生产商和全球第一大手机生产商，

同时也成了苹果公司在手机业最强大的竞争对手。三星还是安卓操作系统驾驭能力最好的手机生产商。截至 2013 年底三星在全球企业市值中为 2 273 亿美元，2013 年三星年营业额为 1 785.5 亿美元。2013 年世界 500 强企业中，三星排名第 14 位，三星采用安卓获得此成就也对安卓在世界的地位发展进行了非常重要的推动，换句话说，安卓在世界上拥有这样的辉煌是三星所给予的。

支持厂商：世界所有手机生产商都可任意采用，并且世界上 80% 以上的手机生产商都采用安卓。

基于安卓智能操作系统的第三方智能操作系统：因为谷歌已经开放安卓的源代码，所以中国和亚洲部分手机生产商研发推出了基于安卓智能操作系统的第三方智能操作系统，其中来源于中国手机生产商的基于安卓智能操作系统的第三方智能操作系统最为广泛，例如 Flyme、MIUI、乐蛙、深度 OS、点心 OS、腾讯 tita、百度云 ROM、乐 OS、CyanogenMod、JOYOS、Emotion UI、Sense、LG Optimus、魔趣、OMS、百度·易、Blur、阿里云 OS 等。其中，阿里云 OS 和 OMS 与安卓都是以 Linux 操作系统为内核的智能操作系统，因为阿里云 OS 和 OMS 都吸取了安卓的大量精华，所以也可以说是基于安卓智能操作系统的第三方智能操作系统。

2. 苹果 iOS

苹果公司研发推出的智能操作系统，采用封闭源代码（闭源）的形式，因此仅为苹果公司独家采用。截至 2011 年 11 月，根据 Canalys 的数据显示，iOS 已经占据了全球智能手机系统市场份额的 30%，在美国的市场占有率为 43%，为全球第二大智能操作系统，iOS 在世界上最为强大的竞争对手为谷歌推出的安卓智能操作系统和微软推出的 Windows Phone 智能操作系统。iOS 因其独特人性化、极为强大的界面和性能深受用户的喜爱。iOS 本身就为一款发烧级的智能操作系统，苹果手机全部采用 iOS 操作系统，因此苹果手机也是一款世界顶尖的发烧级手机，同时还是世界上最为昂贵的手机。早期苹果公司与三星共同打败当年的全球第一大手机生产商诺基亚，继而成了诺基亚后的全球第一大手机生产商，而把三星一直打压在全球第二大手机生产商的位置。但在 2011 年 10 月底，苹果手机出货量为 1 710 万部，市场份额为 14.6%，成为全球手机出货量第二的手机生产商。苹果公司最为强大的竞争对手三星大发威力，手机出货量超越苹果公司，导致全球第一大手机生产商的宝座被三星夺取，但苹果公司为了反击夺取全球

第一大手机生产商的宝座仍然在与三星进行激烈的竞争中。苹果公司在 2013 年全球企业市值缩水为 4 778 亿美元（2012 年为 6 235 亿美元），但仍然还是世界市值第一的上市公司。2013 年苹果公司年营业额为 1 565 亿美元，在 2013 年世界 500 强企业中排名第 19 位。

支持厂商：苹果（闭源）。

3. 微软 Windows Phone

微软公司研发推出 Widows Phone 智能操作系统，同时将谷歌的 Android 和苹果的 iOS 列为主要竞争对手。截至 2012 年 8 月，微软 Windows Phone（包括旧 Windows Mobile 系列和 Windwos Phone 系列）占据了全球智能手机系统市场份额的 24%，超越了黑莓和塞班，成了全球第三大智能操作系统。一款全新的智能操作系统的辉煌就此拉开序幕，并且，前几年的全球第一大手机生产商诺基亚与微软达成全球战略同盟关系并深度合作共同研发 Windows Phone，不久谷歌的 Android 和苹果的 iOS 两大全球顶尖级的智能操作系统会迎来新的强大竞争对手。

支持厂商：诺基亚、三星、华为、HTC。

4. 谋智（Mozilla）Firefox OS

Firefox OS，专案名称为 Boot to Gecko，是由谋智公司（Mozilla Corporation）主导研发的开源移动操作系统，采用 Linux 核心，应用于智能手机。这个计划于 2011 年 7 月 25 日对外公开，2012 年 7 月 2 日宣布它的正式名称为 Firefox OS。采用开放网络（Open Web）技术，它是一种网络作业环境，以 Gecko 浏览器引擎为核心，采用 HTML5 来开发。所有应用都基于网络，希望用户一开机就能够连接上互联网，也可通过 HTML5 cache Manifest 或相关 API 在脱机时使用。

支持厂商：世界所有手机生产商都可任意采用（开源）。

5. 黑莓 Blackberry

由 RIM 研发推出的智能操作系统。实际上 Blackberry 为黑莓的英文名称，是 RIM 公司独立开发的与黑莓手机配套的系统，在全世界都颇受欢迎。在此系统基础上，黑莓的手机更是独树一帜地在智能手机市场拼搏，在中

5

国拥有了大量粉丝。2013 年 1 月 30 日起，RIM 与 Blackberry 合并。2012 年 7 月，黑莓占据了全球智能手机操作系统 7％ 的市场份额，在美国市场共计 11％ 的市场份额，曾为全球第四大智能操作系统，现被微软的 Windows Phone 智能操作系统超越。

支持厂商：RIM（闭源）。

6. 塞班 Symbian

塞班公司研发推出的塞班操作系统包括智能操作系统和非智能操作系统。当初塞班公司被诺基亚收购，便多次被诺基亚采用，开发了多款非智能手机和智能手机。诺基亚采用塞班成了全球第一大手机生产商。塞班曾经是全球第一大手机操作系统，但因为苹果 iOS 和谷歌安卓两款智能操作系统的问世导致塞班智能系统从全球第一大智能操作系统的位置上堕落下来，也让曾经是全球第一大手机生产商的诺基亚降至全球第三大手机生产商的位置。诺基亚为了扭转颓势，2011 年 2 月对外宣布与微软公司达成战略合作，将开始设计生产基于微软推出的 Window Phone 操作系统的智能手机。因为缺乏新技术支持，塞班的市场份额日益萎缩。截至 2012 年 2 月，塞班的全球市场占有量仅为 3％，中国市场占有率则降至 2.4％，塞班已经从全球第一大智能操作系统堕落到全球第五大智能操作系统。世界上已经没有任何的手机生产商采用塞班，更加上诺基亚在 2012 年第四季度财报中确认，诺基亚 808 PureView 是诺基亚最后一款塞班操作系统手机，因此也可宣告塞班已经死亡。伴随着一代用户的美好记忆，一个经历过辉煌时代的塞班操作系统就此终结。

支持厂商：诺基亚、三星、LG、索尼、爱立信、索尼爱立信（闭源）。

7. 三星 bada

bada 是三星集团研发推出的新型智能手机操作系统，与当前被广泛关注的 Android 和 iOS 在将来成了竞争关系。该智能操作系统结合当前热度较高的体验操作方式，承接三星 TouchWIZ 的经验，支持 Flash 界面，对互联网应用、重力感应应用、SNS 应用有着很好的支撑，电子商务公司与游戏开发公司也列入 bada 系统的主体规划中，CAPCOM、EA 和 Gameloft 等公司为 bada 的紧密合作伙伴。2012 年 5 月，bada 在全球智能手机操作系统市场占有量为 2.7％，为全球第六大智能操作系统。

支持厂商：三星（闭源）。

8. 米狗 MeeGo

MeeGo 是诺基亚和英特尔联合推出的一个免费手机智能操作系统，中文昵称"米狗"，与安卓相同都为开源智能操作系统。该操作系统可在智能手机、笔记本电脑和电视等多种电子设备上运行，并有助于这些设备实现无缝集成。这种基于 Linux 的平台被称为 MeeGo，融合了诺基亚的 Maemo 和英特尔的 Moblin 平台。如诺基亚新品诺基亚 N9 就是采用 MeeGo1.2 系统。2011 年 9 月 28 日，继诺基亚宣布放弃开发 MeeGo 之后，英特尔也正式宣布将 MeeGo 与 LiMo 合并成为新的操作系统——Tizen。2012 年 7 月 8 日，一群前诺基亚员工和热衷于 MeeGo 操作系统的爱好者创立了一家名为 Jolla Mobile 的移动初创公司，将在中国发布新一代 MeeGo 智能手机，企业目标是生产高质量的 MeeGo 智能手机，再创辉煌。

支持厂商：英特尔、诺基亚、富士通、三星、联想、宏基、华硕、AMD、LG、中兴、华为、康佳、金立、海尔、多普达、天语、步步高、TCL、海信、酷派、长虹（开源）。

9. 泰泽 Tizen

中文名"泰泽"，是两大 Linux 联盟 LiMo Foundation 和 Linux Foundation 整合资源优势，携手英特尔和三星共同开发针对手机和其他设备的操作系统，该操作系统整合了 LiMo 和 MeeGo 两款操作系统，并且是基于 Linux 的开源操作系统，可运行在智能手机、平板、上网本、车载信息系统和智能电视上。它将由一个技术指导委员会管理，成员包括英特尔和三星。泰泽的应用程序接口是基于 HTML5 和其他 Web 开放标准。除了 HTML5 应用程序外，泰泽的 SDK 将包括原生开发工具包。从核心系统到核心应用，泰泽的整个软件堆栈都会对外开放。

支持厂商：英特尔、三星、IBM、甲骨文、富士通、NEC、高通（开源）。

1.1.2.2 主流智能手机处理器

一部性能卓越的智能手机最为重要的肯定是它的"芯"，也就是 CPU。如同电脑 CPU 一样，它是整台手机的控制中枢系统，也是逻辑部分的控制中心。微处理器通过运行存储器内的软件及调用存储器内的数据，达到控制手机的目的。

1. 德州仪器

德州仪器 CPU 有 OMAP710/OMAP730/OMAP733/OMAP750/OMAP850 系列，德州优点在于低频高能且耗电量较少，是高端智能机必备 CPU。

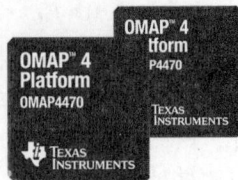

OMAP4470

2. Samsung Exynos

2011 年 2 月，三星电子正式将自家基于 ARM 构架处理器品牌命名为 Exynos。Exynos 由两个希腊语单词组合而来：Exypnos 和 Prasinos，分别代表"智能"与"环保"之意。

Exynos 系列处理器主要应用在智能手机和平板电脑等移动终端上。我们熟悉的 iPhone 3GS 就使用 Exynos 处理器。相对于其他的 CPU，Exynos 的优点在于耗电量低，图形处理功能强。

Samsung Exynos5

3. Nvidia Tegra 2

Nvidia Tegra 2 是 Nvidia 在美国拉斯维加斯的 CES 展场上发布的新一代 SoC 片上系统处理器，专门针对移动互联网应用，尤其是高清平板机。NVIDIA Tegra 2 基于台积电 40 nm 工艺制造，共包含 2.6 亿个晶体管，核心尺寸约为 49 mm，8.8 mm BGA 封装。拥有包括一个音频解码核心，一个支持 1 080 p H. 264 硬件加速的视频解码核心，一个高清视频编码核心，一个最高支持 1 200 万像素摄像头的图片/照片处理核心，一个 GeForce 2D/3D 图形核心以及一个用于芯片内部数据/功耗管理的 ARM 7 处理器核心。

NVIDIA Tegra 2

4. 高通

高通的名气并不像德州仪器、Intel 那么响亮，可在智能手机玩家中，高通受到青睐的程度远远高于前两者。高通公司的手机芯片组主要包括 Mobile Station Modems（MSM 芯片组）、单芯片（QSC）以及 Snapdragon 平台。高通能够兼容各种智能系统，我们在各厂商的主流智能手机中都能发现其身影。高通 CPU 的特点是性能表现出色，多媒体解析能力强，能根据不同定位的手机推出经济型、多媒体性、增强型和融合型四种不同的芯片。同时高通的 CPU 芯片是首个能够兼容 Android 系统的手机处理器，所以一下占据了 Android 手机 CPU 的半壁江山，Android 是未来智

终端产品销售轻松入门

能系统的大势所趋，高通就如同给这准备腾飞的 Android 加上了翅膀，前景一片光明。

5. Intel Atom

英特尔 Atom 处理器是英特尔历史上体积最小和功耗最小的处理器，具有高频和低能耗的特点。Atom 基于新的微处理架构，专门为小型设备设计，旨在降低产品功耗，同时也保持了同酷睿 2 双核指令集的兼容，产品还支持多线程处理。而所有这些都集成在了面积不足 25 平方毫米的芯片上，内含 4 700 万个晶体管。而 11 个这样大小的芯片（Inter Atom）面积总和才等于一美分硬币面积。其实 Atom 处理器就是我们之前所称为的"Silverthrone"以及"Diamondville"。

1.1.2.3 智能手机制造商

1. 苹果（Apple）

苹果由史蒂夫·乔布斯、史蒂夫·盖瑞·沃兹尼亚克和罗纳德·杰拉尔德·韦恩在 1976 年 4 月 1 日创立。1975 年春天，Apple Ⅰ 由沃兹尼亚克设计，并被 Byte 的电脑商店购买了 50 台当时售价为 666.66 美元的 Apple Ⅰ。1976 年，沃兹尼亚克完成了 Apple Ⅱ 的设计，并启用了沿用至今的新苹果标志。同时，苹果也获得了第一笔投资——迈克·马克库拉的92 000美元。苹果股份有限公司（Apple Inc.，简称苹果公司）原称苹果电脑（Apple Computer），2007 年 1 月 9 日于旧金山的 Macworld Expo 上宣布改名。总部位于美国加利福尼亚的库比提诺，核心业务是电子科技产品。近几年，它似乎开始跟 IBM 一样，开始向着服务提供商的方向转变。目前全球电脑市场占有率为 8.3%。Apple Ⅱ 助长了 20 世纪 70 年代的个人电脑革命，其后的 Macintosh 接力于 20 世纪 80 年代持续发展。最知名的产品包括 Apple Ⅱ、Macintosh 电脑、iPhone 智能手机、iPad 数位音乐播放器和 iTunes 音乐商店，它在高科技企业中以创新而闻名。

2. 三星（Samsung）

三星集团（简称三星）是韩国第一大企业，同时也是一家大型跨国企业集团。三星集团包括众多的国际下属企业，旗下子公司有：三星电

子、三星物产、三星生命、三星航空、三星人寿保险等，业务涉及电子、金融、机械、化学等众多领域。

韩国三星电子成立于 1969 年，正式进入中国市场是在 1992 年中韩建交后。1992 年 8 月，三星电子有限公司在中国惠州投资建厂。直到 2002 年，三星电子不断加大在中国的投资与合作，并且成为对中国投资最大的韩资企业之一。2003 年三星电子在中国的销售额突破 100 亿美元，跃入中国一流企业。2003 年，三星品牌价值 108.5 亿美元，世界排名第 25 位，被《商务周刊》评选为世界上发展最快的高科技品牌，是苹果公司在智能手机市场上的主要竞争对手之一。

你知道苹果与三星专利之争吗？

苹果三星专利案，指的是苹果公司产品与三星产品之间存在的知识产权纠纷案件。苹果公司因为三星第一代 Galaxy 手机与 iPhone 的相似程度极大，在向三星发出专利授权要约遭到拒绝以后，将三星告上法庭。

事件回顾：

2011 年 4 月 15 日

苹果在美国对三星提起诉讼，称三星侵犯了苹果的专利权。苹果指责三星"偷窃"了部分 iPad 和 iPad 2 的设计，向三星索赔 25 亿美元，并要求停止销售其平板产品。

2011 年 4 月 21 日

三星在韩国、日本和德国起诉苹果，称苹果侵犯了三星的专利权。

2011 年 6 月 28 日

三星向美国国际贸易委员会（ITC）起诉苹果。

2011 年 8 月 4 日

苹果向德国杜塞尔多夫地区法院申请初步禁令，希望禁止三星和三星德国公司对某些产品的销售。

2011 年 8 月 9 日

杜塞尔多夫地区法院发布了初步禁令，禁止三星销售某些型号的 Galaxy Tab 平板电脑。这一初步禁令称：三星的产品涉嫌侵犯苹果的一项设计专利。这一禁令只是临时举措，禁令将持续到相关专利权诉讼的听证会召开。

2011 年 8 月 29 日

三星表示，由于澳大利亚的一个法庭听证会正在进行，将把 10.1 英寸 Galaxy Tab 平板电脑在澳大利亚推出的时间延迟到 9 月的最后一周。

2011 年 9 月 2 日

杜塞尔多夫地区法院接受苹果的请求，禁止三星在德国销售或推广最新的 7.7 英寸 Galaxy Tab 平板电脑。

2011 年 9 月 5 日

三星表示，由于德国法庭的禁令，将不会在柏林的 IFA 消费电子展上展示 7.7 英寸 Galaxy Tab 平板电脑。

2011 年 9 月 8 日

苹果向日本东京地方法院提交诉讼书，指控三星侵犯了两项与 iPhone 和 iPad 有关的专利权，索赔 1 亿日元。并请求法庭发布禁令，禁止三星在日本销售侵权产品。

2011 年 9 月 9 日

杜塞尔多夫地区法院维持 8 月份发布的对三星的初步禁令，从而禁止三星在德国销售某些型号的平板电脑。三星对这一禁令提出申诉。

2011 年 9 月 26 日

苹果在澳大利亚对三星提起多项专利权诉讼。其中 3 起诉讼涉及触摸屏技术，这些诉讼将举行听证会。苹果请求法庭发出禁令，从 9 月 30 日开始禁止三星在澳大利亚销售 10.1 英寸 Galaxy Tab 平板电脑。

2011 年 10 月 12 日

三星表示，计划对使用的技术进行调整，绕开苹果的相关专利，从而规避荷兰的一项智能手机销售禁令。

2011 年 10 月 13 日

澳大利亚一名法官维持对三星 10.1 英寸 Galaxy Tab 的临时禁令。法官安娜贝尔·贝内特（Annabelle Bennett）判决称，如果使用了触摸屏技术，那么三星的产品不得在澳大利亚销售。苹果认为三星的触摸屏技术侵犯了该公司专利。

2011 年 11 月 29 日

苹果向德国杜塞尔多夫地区法院提出请求，希望法庭禁止三星在德国销售 Galaxy Tab 10.1 英寸平板电脑。这款平板电脑是对 10.1 英寸 Galaxy Tab 的升级，而后者已于 9 月在德国遭到初步禁令。

2011 年 11 月 30 日

三星在澳大利亚上诉成功，推翻了此前的临时禁令，从而可以销售 10.1 英寸 Galaxy Tab 平板电脑。在最终的听证会之前，三星将可以在澳大利亚销售这款产品，而听证会的日期目前尚未确定。

2012 年 3 月 6 日

三星向韩国首尔一家法院递交了诉讼，指控苹果 iPhone 4S 和 iPad 2 侵犯了其持有的三项专利。

2012 年 5 月 24 日

库克和三星 CEO 崔志成在旧金山一家法院会面，寻求和解，但最终失败。

2012 年 7 月 31 日

7 月 31 日，美国加州法院开庭审理苹果与三星电子的专利诉讼。苹果在开庭陈述中将三星描绘成"美学盗窃者"，指责三星剽窃其灵感而不是进行创新。期间双方曾在欧盟、东南亚等多个国家将对方告上法庭，当地法院也做出了判决，但双方对判决结果均表示不服，都提出上诉要求，到现在为止，该事件还没有一个结果。

3. 谷歌（Google）

谷歌公司是一家美国的跨国科技企业，致力于互联网搜索、云计算、广告技术等领域，开发并提供大量基于互联网的产品与服务，其主要利润来自于 AdWords 等广告服务。Google 由当时在斯坦福大学攻读理工博士的拉里·佩奇和谢尔盖·布卢姆共同创建，因此两人也被称为"Google Guys"。1998 年 9 月 4 日，Google 以私营公司的形式创立，设计并管理一个互联网搜索引擎——"Google 搜索"；Google 网站则于 1999 年下半年启用。2004 年 8 月 19 日，Google 公司的股票在纳斯达克上市，后来被称为"三驾马车"的两位公司共同创始人与出任首席执行官的埃里克·施密特在当时承诺：共同在 Google 工作至少二十年，即至 2024 年。创始之初，Google 官方的公司使命为"集成全球范围的信息，使人人皆可访问并从中受益"（To organize the world's information and make it universally accessible and useful），而非正式的口号则为"不作恶"（Don't be evil），由工程师阿米特·帕特尔（Amit Patel）所创，并得到了保罗·布赫海特的支持。Google 公司的总部称为"Googleplex"，位于美国加州圣克拉拉县的芒廷维尤。2011 年 4 月，佩奇接替施密特担任首席执行官。

4. 小米

小米公司正式成立于 2010 年 4 月，是一家专注于智能手机自主研发的移动互联网公司，定位于高性能发烧友手机。小米手机、MIUI、米聊是小米公司旗下三大核心业务。"为发烧而生"是小米的产品理念。小米公司首创了用互联网模式开发手机操作系统、发

烧友参与开发改进的模式。

5. 华为

华为技术有限公司是一家生产销售通信设备的民营通信科技公司，总部位于中国广东省深圳市龙岗区坂田华为基地。华为的产品主要涉及通信网络中的交换网络、传输网络、无线及有线固定接入网络和数据通信网络及无线终端产品，为世界各地通信运营商及专业网络拥有者提供硬件设备、软件、服务和解决方案。华为于 1987 年在中国深圳正式注册成立。

6. 中兴

中兴通讯成立于 1985 年，是全球领先的综合通信解决方案提供商，全球第四大手机生产制造商，以及中国最大的通信设备上市公司。中兴通过为全球 140 多个国家和地区的电信运营商提供创新技术与产品解决方案，让全世界用户享有语音、数据、多媒体、无线宽带等全方位沟通的服务。中兴通讯拥有通信业界最完整的、端到端的产品线和融合解决方案，通过全系列的无线业务、有线业务、终端产品和专业通信服务，灵活满足全球不同运营商的差异化需求以及快速创新的追求。公司依托分布于全球的 107 个分支机构，凭借不断增强的创新能力、突出的灵活定制能力、日趋完善的交付能力赢得全球客户的信任与合作。

1.1.3 案例

1.1.3.1 HTC One max

One max 是一款被 HTC 寄予厚望且意义重大的机型。One max 作为一款超大屏机型，有着令人印象深刻的三个方面：

一是它在背部设计了指纹识别器，将指纹识别引入解锁等环节；

二是它精湛的金属机身设计，这承袭自 One 系列的传统；

三是它硕大的 5.9 英寸显示屏与前置的双扬声器，将智能手机的音画表现推向了一个新

高峰。

1. 机身框架

机身侧面以及背部都有一个白色的棱边,与银白色金属的颜色搭配得很好,增添了设计感。

2. 可拆卸式后盖

这是为两个 SIM 卡(GSM/WCDMA 双卡双待)插槽所做的妥协。虽然为联通移动双卡族提供了一个很好的选择,但可拆卸式后盖还是无法避免长期使用后可能存在的缝隙和松动问题。

3. 5.9 英寸屏幕

近年来,超大屏机型的主流配备就从 5 英寸变成了 5.9 英寸,下半年推出的各品牌旗舰机型当中,5.9 或是接近 5.9 英寸的机型占据了半壁江山。One max 自然是其中一员,5.9 英寸加 1 080p 的双参数带来了接近平板的画面感受,于手机来说,非常震撼。

4. 前置双扬声器

承袭自 One 系列的扬声器罩面满布了细小的孔位,对于机身正面来说,这是很好的妆点。

5. 功能键区

One max 将 "HTC" 字母放在了正中,将主页键挪到了右边。而其他所有机型都将主页键放在正中。

HTC One max 的参数见表 1 – 1。

表 1 – 1 HTC One max 参数一览

手机型号	HTC One max
CPU	高通骁龙 600 1.7 GHz 四核
GPU	Adreno 320
RAM	2 GB
ROM	16 GB/32GB,支持 TF 卡扩展
屏幕	5.9 英寸 1 920 × 1 080 分辨率
摄像头	约 400 万像素 UltraPixel 技术 200 万像素前置摄像头
操作系统	Android 4.3,HTC Sense 5.5 界面
尺寸	164.5 × 82.5 × 10.29 mm
电池	3 300 mAh(不可拆卸)
首发价格	16GB:5 288 元
特色	指纹识别

1.1.3.2　HTC Butterflys

Butterflys 在硬件配置上具备跻身主流的水准，400 万超像素摄像头，5 英寸 1 080 p 屏幕，骁龙 S4 处理器，都不会成为短板。在外观设计上，机身正面两个对称的扬声器孔看起来很平衡。

与 One max 相比，5 英寸的 Butterflys 看起来就要小很多。实际上 5 英寸的屏幕并不算小了，Butterflys 并没有采用金属材质，但塑料外壳的表面处理得很好，颇有几分圆润的感觉；另外边角的处理让它握起来感觉很棒。

1. 电源键

设计在顶部的电源键不同于一般的细条状，易于操作。

2. 机身侧面

两条凹进去少许的网状装饰条让机身侧面看起来不再单调。

3. 机身背部

背部有两个亮点，一个是整个背面是弧度造型，握持起来非常贴合手掌；另外一个则是彩色色彩，让用户有多种颜色选择。

4. 5 英寸屏幕

现在 5 英寸机型从"超大屏"变成了"主流"。

5. 功能键区

主页键被放回了中间，使用起来再也没有不适应的情况。

HTC Butterflys 的参数见表 1-2。

表 1-2　HTC Butterflys 参数一览

CPU	高通骁龙 600 四核处理器 1.9 GHz
RAM	2 GB
ROM	16 GB 支持存储卡扩展
屏幕	5 寸 1 920×1 080 分辨率 Super LCD 3
摄像头	f/2.0 约 400 万像素 UltraPixel 超像素相机 前置 210 万
操作系统	Android 4.2.2 with HTC Sense 5.0

（续上表）

SIM 卡类型	Micro-SIM 卡
机身尺寸	144.5×70.5×10.6 mm
重量	160 g
电池	3 200 mAh 不可拆

1.1.4　卖家需要掌握的信息

首先，优秀的销售人员应对销售产品的相关知识无所不知，客户在选择产品的时候，需要的并不是销售人员，而是一个能够提供购买建议的产品专家。作为卖家，当然要对手机有比较浓厚的兴趣。我们在日常生活中就应该比较关注，对各个品牌，型号有初步了解，决定做销售之后，就要把大概了解到的资讯提升到理性的知识。优秀的销售人员应查阅大量网上信息、杂志，随时对手机方面的资讯进行关注。销售人员要胜任这个角色，必须掌握以下的产品知识：

（1）了解全国大致报价；

（2）熟知性能参数；

（3）基本操作。

具体参考表 1-3：

表 1-3　销售人员须掌握的产品知识

生产制造	产成品
零部件、原料、工艺、构造和生产厂商等	款式、型号、外观、包装、质量、价格、优点、缺点、特色、功能、使用方法、使用范围、储存、保养和禁忌等
运输、安装、退换和维修等所涉及的方式、期限和收费问题等	竞争产品或者替代产品的生产制造、产品、售后服务知识；成功案例；生产厂家等历史发展状况及业界发展动态等
售后服务	其他知识

对于销售人员来说，产品知识繁杂，要达到"产品专家"级别，不是一

朝一夕的事，这需要销售人员不断学习，准确、全面掌握产品知识，才能赢得客户的信任，让客户产生购买的欲望。

"业精于勤，荒于嬉"，销售人员只有勤于学习，不断地积累自己的产品知识，在接待客户的时候才能回答客户提出的各种问题。那么销售人员应该如何积累产品知识呢？可以参考表1-4。

表1-4 销售人员应如何积累产品知识

(1) 和同事共同学习：新员工入职和新产品推出时，公司会召集销售人员共同学习产品知识，销售人员要利用好公司产品培训的机会，同时无论遇到任何问题，都要勇敢提出，不可不懂装懂，耻于提问
(2) 有意识地自我提高：销售人员可以反复阅读产品说明书，不断地查阅各种参考数据发现问题，寻找解决方案，养成一种自我学习的态度，不断地自我提高
(3) 向客户学习：客户是产品的实际使用者，他们会和其他公司的产品进行比较，可能会有让销售人员意想不到的问题，这时销售人员可与客户进行互动，向客户学习产品知识
(4) 接受测试：参加公司组织的产品知识相关测验，可以让销售人员意识到自己对公司产品的了解程度和自己的不足之处，以便加强产品知识学习
(5) 培养领导能力与组织能力：领导能力和组织能力对于提高销售能力具有重要的作用，同样对于产品的学习也是非常有效的

"万丈高楼平地起"，产品知识是销售人员展开销售工作的基础。如果销售人员没有充足的产品知识，就可能会遇到种种问题，如无法信心十足地面对客户、无法赢得客户的信任和尊重等。

作为销售人员，应该提炼产品卖点的四个方面：

客户需求：销售人员要清楚客户的需求及其选择这款产品的原因，及时给顾客一个购买的理由；

产品差异性：销售人员要把握住自己所销售的产品在同类产品之间的差异性；

产品优势：销售人员还需要掌握住自己销售的产品所具备的优势；

确有其事：销售人员向客户介绍卖点时，要突出产品的实际功能，且要真实、合理。

最后，还有良好的沟通技巧，根据不同顾客的需求以及性格推荐不同的手机，找不同的切入点。

【练一练】

销售人员只有清楚地了解产品的卖点，才能很好地向客户介绍产品。一般来说，产品的卖点有以下四个方面的内容。

品质：具有一般产品所不具备的功能和效果，在市场上独一无二；

功效：竞争产品所不具备的卓越品质是产品最有力的卖点；

品牌：品牌代表着高质量，同时能给客户带来荣誉感和满足感；

服务：高质量的售后服务是客户做购买决策的重要参考因素。

现在市面上有很多品牌的手机，作为销售人员的你，可以将下面手机产品的特点写下来吗？

不同品牌手机的卖点见表1-5。

表1-5 不同品牌手机卖点

型号	外观描述	性能参数	产品个性化特色	全国报价
三星 GALAXY S4	依旧采用 S3 自然、圆润的理念，但在局部却做了更改，边框四角少了一些圆润，却更为硬朗大气，加上边框的金属质感设计，配上其 5.0 英寸的大屏幕，会有很强的视觉冲击力	手机类型：智能手机，3G 手机，拍照手机 上市时间：2013 年 3 月 网络制式：支持 WCDMA，支持 GPRS/EDGE/HSDPA 外形颜色：直板黑色、白色 体积重量：136.6 × 69.8 × 7.9 mm，130 g 摄像头：1 300 万像素 主屏参数：5 英寸；1 080 × 1 920分辨率；Super AMOLED 材质 操作系统：Android OS 4.2.2 中央处理器：三星 Exynos 5 410 1 638 MHz 内存容量：2 GB RAM，16 GB/32 GB/64 GB ROM		

型号	外观描述	性能参数	产品个性化特色	全国报价
小米3（16G版本）		上市时间：2013年9月 CPU型号：NvidiaTegra 4 屏幕尺寸：5.0英寸 运行内存：2 GB 屏幕分辨率：1 920×1 080（1 080 p）像素 机身容量：16 GB 操作系统：MIUI V5＋Android OS 4.2 后置相机：1 300万像素 前置相机：200万像素 外观设计：直板		
华为荣耀3X	3X本身重量大小适中，虽然屏幕达到了5.5英寸，但采用了超窄边框的设计，所以其整体体积把控得不错，并不会过于庞大或者不易握持。在制造工艺上3X采用超轻高强度航空材料镁铝合金制成机身框架，一体式成型前壳，尖端激光工艺精雕，以及金属拉丝质感边框，其外形视觉和触觉方面都体现出不错的效果	上市时间：2013年12月 CPU型号：_____ 屏幕尺寸：5.5英寸 运行内存：_____ 屏幕分辨率：1 280×720（720 p）像素 机身容量：8 GB 操作系统：_____ 后置相机：1 300万像素 前置相机：500万像素 外观设计：_____		1 698～2 250元

学习情境一 卖手机

1.2 买家的心态

1.2.1 概述

面对客户，销售人员应先了解客户的购买心理和需求，然后再循序渐进地进行推销，这样才能取得事半功倍的效果。

1.2.2 消费群体特点

世界上没有两个完全一样的人，客户也是千差万别，各有各的特点、习惯，销售人员要区分不同人群的购买心理。

少年购买心理：目标明确、购买迅速、好奇心和依赖性较强，易受参照群体影响等。

青年人购买心理：追求时尚和新颖、表现自我、体现个性、容易冲动、注重情感等。

中年人购买心理：理智胜于冲动、有计划、实用、节俭、注重便利等。

老年人购买心理：理智、精打细算、坚持主见、方便易行、品牌忠诚度较高等。

男性购买心理：果断、自信、具有被动性、感情色彩比较淡薄等。

女性购买心理：追求时髦、美观、感情色彩强烈、自尊心强等。

购买手机的买家类型大概可以分成以下三种：

基础型：这类人群的手机只是一部通信用具，只要有基本功能便可。

潮流型：这类人群比较与时俱进，潮流型的高配置手机比较适合此类人群。

商业型：这类人群比较喜欢有商业用途或特殊功能的手机，如黑莓这个品牌会比较受欢迎。

1. 基础型消费群体

这类消费群体以中老年为代表，消费特点如下：

(1) 购买和使用商品的过程中受习惯的影响大；

(2) 购买和消费商品要求实用、方便；

(3) 消费需求构成发生变化，大部分支出用于购买食品和医疗保健用品，中高档商品；用于穿、用方面的支出则相对较少，受消费流行的影响也甚少。

影响基础型消费群体购买的因素：

他们强调质量可靠、方便实用、价格合理、舒适安全。至于商品的品牌、款式、颜色、包装，是放在第二位考虑的。品质和实用性才是他们考虑的主要因素。

2. 潮流型消费群体

这类消费者群体以青少年为代表，消费特点如下：

（1）追求时尚和新颖的消费倾向；

（2）体现个性和表现自我的心理需求；

（3）注重情感和容易冲动的购买表现；

（4）表现成熟和要求实用的消费趋向。

影响潮流型消费群体购买的因素：

他们强调产品创新，对产品的功能、品牌、款式、颜色都有要求，也会考虑到价格和实用性。

3. 商业型消费群体

这类消费者群体以商务人士为代表，消费特点如下：

（1）追求商品的高档化；

（2）求名誉的消费动机较为强烈；

（3）求方便的动机比较强烈；

（4）求新求异的消费动机强烈。

影响商业型消费群体购买的因素：

这类消费者因为职业的关系对产品的要求比较高，对产品的性能、外观等都提出了要求。他们购买与使用商品的主要标准是要求商品与自己的身份相符，能显示出自己具有一定的文化知识和修养。

【练一练】

判断下面三种消费者属于什么消费群体，并说明原因。

1. 追求"型"、"潇洒"、"扮酷"，而且比较有钱，就算不是很有钱也舍得花钱。成交率比较高，而且购买的手机价格也比较贵，如 S4，5S 或者品牌有特殊含义之类的手机。

上述消费者属于_____ 消费群体，原因是_____

_____。

2. 追求"快"、"处理器主频高"、"便携"，这类人群只需要满足以上几点或有特殊商业功能的手机便可，不需要太高配置的手机，而且这类手机性价比较高。

上述消费者属于_____消费群体，原因是_____
_____。

3. 大多数没有特别追求，只要满足"能通话"、"能发短信"、"能上网"便可，最容易满足的人群，而且价钱最实惠。

上述消费者属于_____消费群体，原因是_____
_____。

1.2.3 消费群体消费心理

根据消费群体的消费心理，可分为以下四种：

（1）理智型买家：他们关注的重点是商品本身的优缺点和自己是否需要，一旦商品的优缺点在自己的接受范围且自己需要，就会购买。他们对商家也很负责，会及时地确认收货和评价，并且会简单给予评论。

（2）节俭型买家：他们关注的重点是商品本身的性价比和买商品的时候是否有优惠，一旦商品的性价比和优惠方式符合要求就会购买。

（3）冲动型买家：这种买家买东西时完全凭借着一种无计划、瞬间产生的一种强烈的购买渴望，以直观感觉为主。新产品对他们的吸引力最大，他们一般接触到第一件合适的商品就想买下，而不愿意做反复比较，因而能够很快做出购买决定。

（4）随意型买家：这类买家缺乏购买的经验，或者是没有主见的买家，往往是随意购买。

1.2.4 案例

阅读下面案例，判断下面案例中的消费者属于什么类型买家，并说明原因。

【案例一】

销售：现在 iPhone 5S 新到货，这个型号的手机最近很好卖，如果你买这款智能机的话，要尽快做决定啊！

顾客：这款机现在有什么优惠活动？

销售：不好意思，苹果的产品一般都没有优惠活动。

顾客：没有优惠？好，我再看一下。

（顾客心理：iPhone 5S 手机是不错，但是这么贵的手机又没有东西赠送，又没有优惠，很不值。买其他品牌的手机就有东西赠送，我去看一下其他品牌的手机吧。）

你认为，这是什么类型的买家：_____，
原因是_____。

【案例二】

销售：iPhone 5S 上市了，今天我店正好进了一批货，还是"土豪金"！

顾客：真的？

销售：对！这位帅哥，iPhone 5S 正符合年轻人的风格，更可以彰显你的个性，现在这款机型数量有限。

顾客：……

销售：如果对 iPhone 5S 不感兴趣，可以看一下三星的 S4，它也是功能比较齐全的机型，有人机交换，眼球滚动等特色功能。

（顾客心理：好像最近都很流行 iPhone 5S 手机，S4 也不错。看起来这两款手机高端大气上档次，最适合我这种低调奢华有内涵的人拿了，你真说对了！）

顾客：好！我立刻去买！

你认为，这是什么类型的买家：_____，
原因是_____。

【案例三】

销售：你好，请问你想要什么类型的智能机？

顾客：我自己先看看，谢谢。

销售：好，有什么需要咨询的可以叫我。

（观察到顾客关注 iPhone 5S 及三星 S4）走到他旁边。

销售：这款三星 S4 有人机交换、眼球滚动、智能暂停等特色功能（演示给顾客看），而 iPhone 5S 除了语音识别功能有提升外，还增加了指纹识别系统，增强了安全性（演示）。

顾客：请问 S4 行货与其他地区的版本有什么不同？功能比上一代产品有哪些提升？硬件设计上面会出现缺陷吗？上代产品才出现了"CPU 缺陷门"。还有，你说到 iPhone 5S 的安全性增强，但是我了解到短时间内已经有破解组织掌握了破解这些功能的办法了。

你认为，这是什么类型的买家：_____，
原因是_____。

1.3 销售技巧

销售人员只有以诚信对待客户，才能赢得客户的信任，从而获得事业的成功。销售过程中的失败者与成功者最大的区别在于他们对待客户的态度。

刚做销售的你，能掌握这些销售技巧吗？如果你还没掌握，那就和我们一起来学习吧！

1. 注重每个待客细节

面带笑容，亲切、热忱地对待客户。说话时口齿清晰、音量适中，并使用礼貌用语，随身携带记事本，记下客户的需求。即使客户拒绝也别忘记道谢，面谈时不要接电话，不与客户发生争执，不打断客户讲话。

【练一练】

甜话说在嘴上，微笑挂在脸上，谁会不喜欢这样的销售人员呢？如果一个销售人员总是保持微笑，说明他离顶级销售人员已经不远了。下面，让我们进行一下"微笑"练习吧。

（1）对镜练习。衣装整洁，端坐镜前，保持内心平静，调整呼吸速度，使其自然平缓。静心三秒钟，轻闭双唇，开始微笑，使嘴角微微上扬，让嘴角肌肉舒展开来。同时注意眼神的协调，达到眉目舒展的微笑状态，如此反复多次。自我对镜微笑训练时间长度随意，为了使效果明显，可以放节奏欢快的乐曲为背景音乐。

（2）外物诱发。外物诱发又称情绪诱导，就是通过寻求外界的诱导、刺激，引起情绪上的兴奋和愉悦，自发唤起真诚微笑。比如说，阅读一点逗趣的笑话，翻看令人捧腹的照片、画册，享受过去快乐生活的点点滴滴，倾听自己喜欢的、容易使自己高兴的乐曲等，在欣赏和回忆中露出微笑。

（3）情绪回忆。情绪回忆又称情绪记忆法，是很多演员在训练微笑时经常用的一种方法。这种方法就是将自己过去那些最愉快的情景积极从记忆中唤醒，使这种情绪重新袭上心头，让销售人员自发露出笑容。

（4）观摩交流。几个人组成小组，互相观摩、互相交流、互相鼓励、互相分享开心的事。当然，也可以平常留心观察那些时刻保持微笑的人，把他们那些精彩的"微笑镜头"封存大脑，时时模仿。

（5）含筷训练。这是一种源于日本的微笑训练法，道具是一根干净、光滑的圆柱形筷子（最好不要用一次性木筷，以防木刺扎破嘴唇），横放嘴中，用牙轻轻咬住（含住）人为制造出"微笑曲线"。

2. 诚信待人

据实介绍产品，不刻意隐瞒，不向客户说谎，对自己说出去的话负责。

3. 真诚是对客户最大的尊重

有时，客户可能会因为销售人员一句看轻自己的话，或者一个藐视的眼神感到侮辱而在心中埋下怨恨的种子，最后导致双方不欢而散。可见，客户对于是否被尊重是非常敏感的，销售人员必须铭记，请保持对客户的尊重。

4. 专心倾听客户的谈话，服务客户要有耐心

倾听不只是竖起耳朵那么简单，销售人员应有意识地引导客户发言，不要随便插话，可以给予简单、真诚的回应，例如"不错"、"是的"、"您说得对"等。必要时销售人员可及时总结并归纳客户的谈话要点，与客户积极互动。

5. 开场白技巧

用一个真诚的问候，博取对方的好感，激发对方的好奇心，让对方产生探索兴趣。和对方亲切交谈，拉近彼此间的距离。主动自我介绍，让对方感到你的热情。寻找话题，让对方乐意和你交谈。

6. 克服恐惧心理，拉近距离

并非所有的销售人员都具备与陌生人交往的能力，他们没有勇气去和陌生人打招呼，觉得找不到话题。其实，陌生人说到底只是一种人际心理距离，人与人越陌生，人际心理距离就越大。人际心理并非一成不变，没有经过沟通接触的人，当然是陌生人，而经过沟通接触，陌生就变成了熟识。试想，你的任何一个朋友、同事不都是由陌生人转化而来的吗？

7. 沟通事项

与陌生人沟通贵在自然，不要太过拘谨，合适的场合说合适的话。选择对方感兴趣的话题，让对方敞开心扉。掌握并美化自己的交际用语和肢体语言，语言要幽默风趣，对对方的观点求同存异。

8. 沟通禁忌

存在自卑心理，不能自信地和陌生人交流；以貌取人，以外表判断陌生人的购买能力；口若悬河只顾自己说，不会倾听。

作为一名销售人员，以貌取人，以貌待人，都是极不可取的。这不仅有损销售人员的职业形象，也会对业绩造成直接的影响。如果只是用眼睛去判断客户，而不是用心去服务客户，就会和眼前的销售机会擦身而过。如果用积极的心态，并不因为客户穿着寒酸而轻视客户，仍以同样的热情去服务客

户，那么最终你就能赢得客户的好感，并成功签单。

9. 了解你的客户

20世纪20年代，美国心理学家威廉马斯顿博士推导出一套理论，设计了一种测量四种重要性向因子的性格测试方法，即 DISC（见表1-6）。

表1-6　DISC一览

性格类型	主要表现及应对策略
D型\决策高手	对产品或服务能否降低成本、增加收入、加快生产进度、缩短投资回报期等感兴趣 惜时如金，闲聊只会事倍功半，销售人员宜就事论事，直奔主题 不容易接受别人建议，所以提供多种方案，最好让他们自己来做决定 不愿意承认错误，与他们交谈时，不要因观点不同而与他们产生争执 对于投诉要立即处理，有诺必践，必要时可让高层出面，以示重视
I型\公关高手	性格豪爽，表情生动，肢体语言丰富，沟通时多谈论轻松的话题 不喜欢数字和细节，介绍产品时，应该多借助图片、实物演示等形式 喜欢销售人员以较轻松的方式展开销售，非办公地点或非正式场合容易促成交易 常保持联络表达关心，若对方投诉，要耐心倾听，让其不满情绪得到宣泄
S型\EQ高手	温文尔雅，亲切随和，极易相处 最好相处却最难销售，销售人员在销售过程中最好以产品质量担保的方式来进行销售或者用正在使用产品的客户的例子打消其顾虑 较为迟缓并且害怕承担风险，销售人员需要结合产品的使用者或他们较为信任的朋友展开多方销售，有时候可帮他做决定
C型\分析高手	沉默寡言，感情冷淡 天生对人不信任，希望销售人员提供详细资料 为这种类型的顾客服务，必须要告知其明确的服务和所需要的时间

销售人员对不同性格的客户应如何区别对待呢？

D型：因其更关心结果，所以销售人员要多介绍产品的利益和能给他带来的好处。

I型：因其注重感觉，所以销售人员着重介绍产品的优势，激发其兴趣。

S 型：因其不敢冒风险做决定，所以销售人员应提供产品优势的证据并运用案例进行说服。

C 型：因其关心细节和数字，所以销售人员需介绍产品特征，针对其关注点详细说明。

10. **突破客户的防备心理**

客户在面对销售人员的时候，往往怀有很强的防备心，销售人员自然也就很难了解到客户的真实想法，更无法直接挖掘到客户的购买需求。

销售人员在介绍、销售产品之前，首先要向客户介绍自己，让客户降低戒备心。销售人员在博取客户好感时，可以通过真诚赞美客户、站在客户的立场考虑问题、从共同爱好中寻找话题等方法拉近与客户之间的距离，赢取客户的信任，从看似与销售不相关的话题中发掘出客户的购买需求。

有些消费心理研究者认为，消费者不仅想占便宜，还希望"独占"便宜，这使商家有可乘之机。比如，在服装市场购物，在消费者不还价就不买的威胁之下，商家经常做出"妥协"："今天刚开张，图个吉利，按进货价卖给你算了！"、"这是最后一件，按清仓价卖给你！"、"马上要下班了，一分钱不赚卖给你！"这些话隐含如下信息：只有你一人享受这样的低价，便宜让你一人独占了。面对如此情况，消费者很少有不成交的。另外消费者并不是想买便宜的商品而是想买占便宜的商品，这就是买赠和降价促销的关键差别。

在实际生活中，客户决定是否购买的心理比较复杂，是由多方面因素决定的。因此，销售人员还要做到正确判断客户的购买动机，这样才能把握每一次销售机会。

11. **切忌打断客户说话**

培根曾说："打断别人说话、乱插话的人，甚至比发言时间长的人更令人生厌。"很多销售人员在工作中都有插话习惯，这让客户很是反感，最终影响到自己的销售业绩和职业前途。因此，销售人员应尽量不打断客户说话。

【案例】

销售人员：×先生，通过对贵厂的观察分析，我发现你们自己清理油罐的花费比外包给我们的还要多，是这样的吧？

客户：我承认你们的清洁服务是不错，但是毕竟你们缺乏石化方面的……

销售人员：对不起，请允许我插一句，有一点我必须要说明一下，谁都不是天才，无所不能，不过在清洁容器罐时需要特殊的设备和材料。

客户：我想你误解了我们的意思，我想说的是……

销售人员：我清楚你的意思，就算你的员工再聪明能干，也不能在没有专用设备的条件下干出有水平的活。

客户：请停一下，给我一分钟的时间，让我说一句话，如果你认为……

案例分析：

在这段对话中，销售人员三番四次打断客户说话，这是销售中的大忌。如果继续采用上述这种对话方式，这单生意基本泡汤了。有些紧俏型产品销售人员觉得产品不愁没有销路，对客户也怠慢起来。久而久之，必将为自己的失利和高傲买单。

不过，凡事总有例外，客户的讲话也不是绝对不允许打断。在一些特殊情况下，销售人员有必要打断客户，具体内容如表1-7所示：

表1-7　可打断客户讲话情况一览

对方讲话速度快，跟不上对方节奏时
因噪音等干扰致使销售人员错过了重要信息或关键细节
销售人员的紧急事务要处理，不得不打断对方讲话
客户讲话离题太远，而面谈时间有限
其他特殊原因，如既定的时间已到、客户出言不逊、提醒客户处理其他事务等

若出现以上情况，销售人员可以打断客户的谈话，但一定要采用婉转礼貌的方式，避免引起客户反感。如何礼貌打断客户讲话，具体内容如表1-8所示：

表1-8　如何打断客户讲话一览

选择时机，最好等客户某段话结束后再插话，避免对方尴尬
向客户举手示意，同时和客户进行眼神交流
向客户道歉，如"抱歉"、"不好意思"、"对不起"、"打断一下"等
得到许可后，陈述打断的原因和自己想要说的话

12. 倾听四要素

（1）接受：交流时，通过赞同的微笑，肯定的点头，或者用手势、肢体等做出积极的反馈，表现出对谈话内容的兴趣和对客户的接纳与尊重。

（2）注意：倾听时，眼睛要注视客户，将注意力集中在对方的谈话内容上。给对方一个畅所欲言的空间，不抢话题，表现出一种专心、耐心、虚心的态度。

（3）欣赏：在倾听过程中找出客户话题的发光点，给予总结性的评价，从而赢得客户对你的信任。

（4）引申：通过对某些谈话内容的重复，或提出恰当的问题，表现出对客户的认可，同时积极引导对方叙述，从而使话题进一步深入。

13. 报价技巧

在销售过程中，当顾客询问价格时，若销售人员和盘托出，客户很有可能在不了解的情况下就放弃某些性能好但是价格偏高的产品。因此，销售人员在给出报价的时候，一定要掌握好报价的策略，避免吓跑客户。

（1）一般报价时机。价格是客户比较关注和敏感的话题，销售人员一般应将报价放到展示环节最后，先介绍产品价值，为价格谈判做好铺垫，使客户了解报价的依据，引导客户产生"一分钱一分货"的感觉，提高客户的心理价位，报价后客户就自然不会对偏高的价格"过敏"了。一般来说，销售人员在进行销售展示时应遵循以下三个基本步骤，具体如下所示：

①详细评价货品。例如产品有哪些特点和性能，这些特点和性能所带来的优势是什么，这些优势能给客户带来哪些好处；

②提出产品使用建议。例如产品应如何使用；

③讨论产品价格问题，和客户确定最终的成交价格。

（2）报价策略。销售过程中的报价推荐按照下面的流程操作：

①弄清客户心理价位；

②多说价值后报价；

③说明报价依据；

④引入竞争者作比较；

⑤预留还价余地。

14. 促使交易达成的技巧

（1）选择成交法。选择成交法就是销售人员提有限的几种方案，让客户自行选择，从而达成交易的方法。它可以减轻客户的成交压力，有利于销售人员掌握主动权，并留有一定的余地。在促成交易的过程中，选择成交法运用得非常广泛，它有两个优点：

优点一，用看似不经意的语气减轻客户的心理压力，营造良好的成交氛围；

优点二，表面上看，是把成交和主动权转给了客户，避免有强卖的嫌疑，实际上成交的主动权还是掌握在自己手中。

（2）幽默成交法。有句话说"在茫茫人海中，我唯独不能忘记那个让我笑的人"，这也是大多数客户的真实心理写照。在紧张忙碌的工作中，如果销售人员能为客户带来欢笑，那么一定会成为受他人欢迎的人，从而更容易推进销售。

幽默是一种情趣、一种智慧。在销售的过程中，一个小小的幽默能缓和双方紧张的气氛，帮助销售人员拉近与客户的距离，赢得客户的信任，让客户在谈笑间接受销售人员的产品。因此，销售人员如果有意识地培养、锻炼自己的幽默感，恰到好处地运用到销售当中，一定可以让客户愉快地签下订单。

（3）从众成交法。在销售过程中运用从众成交法时推荐按照下面的销售技巧：

技巧一，强调购买产品的人数，也就是典型的"很多人都在购买"、"大家都在购买"、"销售异常火爆"。

技巧二，强调购买者的权威，如"著名女演员××买的就是这个"、"××公司的老总最认可这个品牌"。

技巧三，强调购买者的好评，重点渲染"大家买了之后都说好"、"很多客户都介绍自己的亲戚朋友来买"。

（4）情感打动法。

特点：利用客户的优越感、同情心、帮助晚辈成长等心理获得支持。

作用：有利于了解客户的真实异议，知道怎么处理或进行下一步工作。

适用时机：销售人员和客户多次接触且彼此之间建立了友谊，客户在年龄或头衔上又都比自己大时。

（5）机会成交法。机会成交法又称无选择成交法，或者最后机会成交法，这种成交方法通过缩短人们选择的时间或缩小空间实现销售。一般客户都会适时把握机会，获得最大的利益。因此，这种方法在销售中十分有效。

销售人员使用机会成交法时，要抓住客户的"得之以喜，失之以苦"的心理，给客户施加适当的压力，促使对方在较短的时间内做出购买决定。

一般采用预测产品价格会上升、优惠即将到期、促销活动即将结束、产品库存不多等形式，见表1-9。

表1-9　机会成交法

使用形式	说明	实例
产品或赠品数量有限	产品库存不多或优惠产品有一定的数量限制	"鸡蛋每斤3元，每人限购5斤，售完即止。" "购物满1 500元，可获赠电烤箱一台，赠品数量有限，先到先得！" "大姐，这件衣服卖得特别好，就剩两件了。"
优惠即将到期	向客户说明只在指定时间内享受优惠，不立即购买就没有优惠了	"小姐，我们的促销活动今天就结束了，这件衣服今天打5折，明天就要恢复原价了。" "这款皮包原价是899，因为最近三天是五周年店庆，所以参加满200减50的活动，今天是活动最后一天了！"
产品价格有变动	告诉客户产品价格即将上涨，如果现在不买以后会多花钱，消防客户"等降价"的观望心态	"最近房价回暖，这个月比上个月的均价高了500多块钱，如果你现在不下手，两三个月后，又会涨多一两千块钱呢！" "先生，我们这款车销售非常紧俏，肯定不会降价的，而且最近原材料价格上涨，还有可能提价呢！"
获得额外利益	以中奖、幸运客户等形式告诉客户，他可以享受特殊的利益	"恭喜你，您刚才抽中的是二等奖，可以300元的低价购买价值800元的保健足浴盆一个！" "如果你参加这个课程，可以获得外企HR总监模拟面试的机会！"

【练一练】

请同学们根据以下案例分析一下，销售人员运用了什么销售技巧，优势在哪里？

【案例一】

销售：你好，欢迎光临。

顾客：小伙子，你这里怎么都是这些那么先进的手机啊，花花绿绿的，有没有别的手机？

销售：请问你打算买这台手机来干吗？

顾客：也没有什么，只是跟老朋友打电话、接电话、发一下短信而已，不用这么多功能的！这么多功能，到时我按错了都不知道怎么变回原样！

销售：这样啊，那你对款式、品牌等其他方面有什么特别要求？

顾客：那些按键最好要大一点，还有啊，哪台机比较耐用啊？不要像现在的年轻人那样，很快就换一台手机，然后我又看新闻，什么"手机爆炸"……

销售：原来是这样，或者你可以看一下这里的功能机。

顾客：在哪里？拿出来看一下。

销售：听了你刚才这么说，我想普通的功能机已经可以满足你日常的需求了。

顾客：这不是前些年人们手上拿的那种手机吗？也好，那小伙子你有什么好推荐啊？

销售：不如就这款吧，诺基亚1050，它可以满足你的需求，而且诺基亚出品的功能机质量都不错，你看看我推荐的这台手机和这些其他品牌的功能机质量。来，两台都放到手上看一下，掂量一下，怎么样？一对比，好坏就分出来了吧？而且你看一下，这台机操作十分简单，这样就能开机，按一下这里就能进入短信的页面，按键也够清晰，音量也够大。这台机简单实用，不会出现按错键的情况，价格也很实惠，现在只需180元就能买到了，而且还有两种颜色供选择。

顾客：很不错啊。好！就这台手机吧！

案例分析：

_____

_____

_____

【案例二】

销售：你好，欢迎来到手机铺。

顾客：小伙子，我想买台智能机，有什么好推荐啊？

销售：请问你打算买这台手机来干吗？

销售：除了打电话这些日常功能外，我想要一台能用QQ和微信的手机，这样我就能随时随地上网和别人沟通了。

销售：明白了，那你对款式、品牌等其他方面有什么特别要求？

顾客：其实我平常用的功能也比较简单，你就不用给我推荐功能那么多的手机了，最主要是音量和字体都要大。

销售：原来是这样，你可以看一下这里专门为老年人设计的智能手机。

顾客：好，让我看一下。

销售：按你刚才所说的来看，我想海尔的 A63G 老年人智能手机挺适合你，你看这台手机本身它就预装了手机 QQ，4 寸屏幕，而且它还设置了大号字体。你看，进入字体设置，选择"大号"，一下子字就变清晰了吧。而且机身设前摄像头，可以让你拍照。而且还很清晰，如果你哪天觉得手机内存过小，这部手机还可以扩展存储空间，你可以交给你的家人买了配件之后帮你完成，或者来到我们店铺，我们可以帮你完成。你可以自己亲自在这里试一下，之前有几个与你年纪差不多的人都买了这部手机。

顾客：还不错，那多少钱一部？

销售：现在这款手机是 650 元一部，相比其他动辄几千块的智能手机，价格可以说是十分优惠。

顾客：那么便宜？会不会有什么质量问题啊？

销售：这你可以放心，这个牌子的质量有保障，而且我们会提供发票、厂家的保修凭据，而且这款手机我们已经卖出好几部了，到现在我们没有遇到过质量问题。

顾客：好，就要这个型号吧！

案例分析：

_____

_____

【案例三】

销售：你好，欢迎光临。

顾客：我来看看智能机。

销售：现在 iPhone 5S 新到货，这个型号的手机最近很好卖，如果你买这款智能机的话，要尽快做好决定啊！

顾客：这款机现在有什么优惠活动？

销售：不好意思，苹果的产品一般都没有优惠活动。

顾客：没有优惠？好，我再看一下。

销售：请问你预算了多少钱来买手机？

顾客：大概 1 000~2 200 元吧，我想不用买太贵的。

销售：这样的话，我推荐你可以看一下华为的产品，比如说荣耀 3 和荣耀 3C，它们都是具有高性价比的产品。荣耀 3 有 4.7 寸屏幕，四核 CPU，2G 运行内存，8G 内存卡，可支持扩展到 32G 内存卡，主摄像头像素达到 1 310 万，拍摄的照片最大分辨率可为 4 208×3 120 像素，搭配 Android 4.2，可以说性价比很高。而 3C 就是比它在屏幕上大一点外，其他配置都要比荣耀 3 低一点，价格分别是 1 800 元和 800 元，至于购买哪个型号更适合你，这主要是看你平常都用哪些应用了，"只买对的，不买贵的"是吧？

顾客：荣耀 3 好像不错，有没有类似的机型向我推荐，让我作一下对比？

销售：有，像中兴旗下的努比亚 Z5S 手机，除 CPU 主频比荣耀 3 高一点，主摄像头像素高一点，不支持内存卡扩展和电池不可拆卸外，性能都十分接近。分为 16 G 和 32 G 版本，16 G 版本卖 1 999 元，你可以看资料，对比一下。

顾客：这两款机现在有什么优惠活动？能不能再便宜一点？

销售：我们会送你贴膜、手机保护套、耳机、读卡器，如果你加多 30 块，我们可以给一张 8 G 的内存卡，这看你要购买哪款手机了。至于价格，我现在打电话给经理，看一下在我能力范围内能不能以优惠点的价格让你买到手机。

顾客：好，让我先对比一下这两部手机吧。

销售：稍等（在顾客面前打电话给经理）。

销售：你好，我问过经理了，他说华为的荣耀 3 已经是最优惠的价格了，我不能以更优惠的价格卖给你，至于 Z5S，他说能优惠 50 块给你，但是赠送的东西就少了。

顾客：这样，那我就要一部华为的荣耀 3 吧。

销售：请问需要在手机上扩展多 8 G 内存吗？

顾客：好。

销售：请跟我到这边付款，然后再来拿手机。

案例分析：

_____

_____

提示一：这类顾客属于什么类型的消费者，他们有什么特点。

提示二：销售时，要注重说出产品的性价比和价格，让顾客觉得这个产品的确很有吸引力，在能力范围内尽量给出优惠，增加对其的吸引力。

提示三：对于一些需要加钱才能得到的优惠项目，要注意语言的技巧。

【案例四】

销售：你好，欢迎光临！

顾客：你们这里有苹果和三星最新产品吗？

销售：有，iPhone 5S 上市了，前几天我店正好进了一批货！有"土豪金"。

顾客：带我去看看。

销售：现在这款机型数量很有限。

顾客：果然是"土豪金"！还有指纹识别功能！

销售：我们这里还有三星的 GALAXY S4 和三星 GALAXY Note3，它们也是功能比较齐全的机型，有人机交换、眼球滚动等特色功能，而且还是近期热门的机型啊！

（顾客心理：好像最近都很流行 iPhone 5S 手机，S4 和 Note3 也不错。看起来这三款手机高端大气上档次，最适合我这种低调奢华有内涵的人拿了，你真说对了。）

顾客：好！我立刻就买！给我一部 16 G 版本的"土豪金"！

销售：请跟我来这边付款，然后再来拿手机。

案例分析：

_____

_____

_____

提示：对于这类型的顾客，要注意投其所好。等到这类顾客下定决心了，产品自然会销售出去。

【案例五】

销售：你好，请问你想要什么类型的智能机？

顾客：我自己先看看，谢谢。

销售：好，有什么需要咨询的可以叫我。

（观察到顾客关注 iPhone 5S 及三星 S4 时，走到顾客旁边。）

销售：这款三星 S4 有人机交换、眼球滚动、智能暂停等特色功能。而iPhone 5S 除了语音识别功能有提升外，还增加了指纹识别系统，增强了安全性。（演示给顾客看）

顾客：请问 S4 行货与其他地区的版本有什么不同？功能比上一代产品有哪些提升？硬件设计上面会出现缺陷吗？上代产品才出现了"CPU 缺陷门"、"手机爆炸"。另外，你说到 iPhone 5S 的安全性增强，但是我了解到短时间内已经有破解组织掌握了破解这些功能的办法了。

销售：看来你对智能手机比较熟悉。对，三星上代产品工艺的确不太成熟。如果你是担心手机安全的话，你可以看一下三星 Galaxy Note3，它也是功能比较齐全的一款机型，因为我刚才看到你都是在看一些比较高端的机型，所以我想这款机型比较适合你。至今这款机型也没出现过什么重大安全问题。至于你说指纹识别被破解，苹果公司已经确定是软件漏洞造成的，他们已经紧急修复了这个漏洞，所以你可以放心。更何况，程序是人设计出来的，难免会有不足，你对智能手机这么熟悉，我想你看中的不仅仅是它的指纹识别系统吧？

顾客：等我去看一下三星 Galaxy Note3 再说。

销售：好的，在那边。

案例分析：

_____

_____

提示：对于这一类顾客，因为他们对产品的认知程度比较高，所以一般的销售技巧都起不了什么效果，我们也只能做到"以理服人"，让顾客自己去判断。

1.4 售后服务技巧

售后服务是在商品出售以后所提供的各种服务活动。从推销工作来看，售后服务本身同时也是一种促销手段。在追踪跟进阶段，推销人员要采取各种形式的配合步骤，通过售后服务来提高企业的信誉，扩大产品的市场占有率，提高推销工作的效率及效益。

在交易完成后，销售人员经常会听到客户这样说："你们的产品质量有问题，以后我再也不买了"、"售后服务怎么这么差"等。这时销售人员就需要对客户的抱怨、投诉进行及时妥善地处理，消除客户的不满，挽回可能的损失。下面将介绍常用的手机售后服务技巧。

1. 友善对待客户抱怨

尊重客户，尤其体现在当客户产生不满时销售人员对待客户的态度上。美国一项调查表明：如果客户抱怨得不到及时、有效地处理，将导致 90% 的客户流失。如果客户抱怨得到及时、有效地处理，则 90% 的客户还会再次光临。可见，客户抱怨并不可怕，重要的是销售人员是否友善、真诚对待。

2. 千万不要与客户争执

客户在购买产品后产生抱怨或投诉是常有的事，无论遇到态度多么不好的客户，不要被客户的激动情绪所影响。如果只是逞一时口舌之快，不但问题没有得到解决，最后吃亏的还是自己。

3. 了解清楚投诉原因

销售人员一定要先通过倾听、提问来分析、判断客户投诉的具体原因，一般来说，客户抱怨情况的原因表现及应对方法如表1-10所示。

表1-10　了解投诉原因及应付方法

客户抱怨的原因表现	销售人员的应对方法
送货不及时； 货物短缺； 产品质量有问题； 服务不能满足客户需求	虚心接受，并将信息反馈给公司，通过改进产品、服务制度等提高服务质量，给客户一个满意的交代
习惯性抱怨，有的客户在生意中遇到困难或碰到不顺心的事时对厂家的销售人员抱怨一番，这种没有明确动机的抱怨只是一种发泄	不需要做过多的解释，只需要做一个倾听者，因为客户的目的就是发泄情绪，发泄完就什么问题都没有了
有的客户喜欢总结各个厂家的产品的优劣，这种客户抱怨的目的就是给厂家的销售人员施加心理压力，以便从厂家获得更多的优惠	应该大声对客户说不；部分销售人员对客户，尤其是对大客户的无理要求或指责只会点头称是，从不提出反驳意见，其结果便在谈判中节节退让，这有可能会损害公司的形象或利益

4. 处理客户投诉的步骤

想要圆满处理客户的不满，"大事化小，小事化了"，其实是有规律可循的，只要将一些关键的步骤做好，让客户转怒为喜其实并不难。销售人员可采取以下六个步骤应对客户抱怨（见表1-11）：

表 1-11　处理客户投诉步骤

鼓励客户倾诉	不要打断叙述，鼓励客户将不满说出来，可以说"发生什么事了"、"您能讲得再详细些吗"、"原来如此，您继续说……"
表达同理心	同理心是指站在客户角度考虑问题，要让客户感觉你和他在同一阵线，让客户对你产生认同感，进而消除敌对情绪，常用话语如"我理解您的心情"、"换作我，也会不高兴的"
表达诚挚歉意	如果确实错在己方，销售人员一定要赶快向对方道歉，不要推脱责任，如"很抱歉给您带来这么多麻烦"。如果错不在己，销售人员也应为客户的心情或奔波致歉，如"很抱歉，让您这么不高兴"
提出解决方法	先向客户表达出积极处理的诚意，然后告诉客户自己将会采取何种处理办法，并做出可行的承诺，如"我一定会尽最大的努力为您解决这个问题，针对您这个情况，我会先……然后在……时候给您答复"。
询问客户意见	提出解决方案后，销售人员要询问客户对处理办法是否满意，如"您看这样行吗"、"这样处理您满意吗"并请客户给出建议
跟踪解决情况	销售人员要主动跟进解决方案的执行，确保解决方案按照与客户约定的时间和处理办法及时执行，让客户对处理结果满意，否则很容易引发客户的再次投诉

终端产品销售轻松入门

　　客户的抱怨和投诉时有发生，销售人员需保持良好心态，站在客户立场上考虑问题，并以最真诚的态度解决客户投诉，让客户转怒为喜。从客户的投诉中，销售人员可以了解到自己产品和服务的缺陷，从而吸取经验和教训，使自己得到不断提高。

【练一练】
【案例一】
　　请根据以下案例进行分析，并写出你是如何回答客户的？
　　"小王，上午的货送到了！我打开一看，其中的几件产品损坏了，这是怎么回事？"客户孙先生收到订货，检查包装后发现有问题，赶紧拨通了销售人员小王的电话。
　　小王听后有些不耐烦，他想：这位客户成交前就百般挑剔，现在又来找事！于是他回答道："这应该是运输公司的事，我们装车的时候还好好的呢！"
　　"就算是这样，那现在怎么办？你们得帮我解决啊！"孙先生据理力争。
　　"跟我们有什么关系啊！又不是我们的错，只要发了货就是你们的了，合同里面又没规定这样的事，你还是自己和运输公司协商吧！"小王说道。
　　"你怎么这么不负责任呢？"孙先生非常生气。

"不是我的责任，我当然不负责了，你希望我用什么态度？"

孙先生终于忍无可忍，大怒道："以后再也别想跟我们合作了！你要是再不给我解决，我马上给你们公司老总打电话，投诉你！"

案例分析：

在这个案例中，客户孙先生收到的货物有问题，打电话给销售人员投诉，而小王的服务态度实在令人生气，不但毫无歉意，反而推脱责任，与客户争执，使孙先生从"小火"变成"大怒"，扬言再也不与小王合作，并向老总投诉。

作为销售人员，我认为我应该：＿＿＿＿＿＿＿＿＿＿＿＿＿＿＿＿＿

＿＿＿＿＿＿＿＿＿＿＿＿＿＿＿＿＿＿＿＿＿＿＿＿＿＿＿＿＿＿＿＿＿＿＿＿＿＿＿

＿＿＿＿＿＿＿＿＿＿＿＿＿＿＿＿＿＿＿＿＿＿＿＿＿＿＿＿＿＿＿＿＿＿＿＿＿＿＿

【案例二】

请根据以下案例进行分析，分析这个案例中售后服务的项目以及优势。

顾客：喂，销售吗？你们卖给我的产品也太差了！我才用了不到两个星期，怎么现在就开不了机？我还存放着许多照片和资料在里面呢！现在开不了机，我的资料也没了！

销售：你好，请问你可以详细说明一下吗？

顾客：别提了，这部手机的质量真的太差了！我回去设置了一下，谁知你们的手机不仅没响应，这几天甚至开不了机，你要给我解决啊！

销售：很抱歉发生了这样的事，出现这样的情况有很多原因，你看这样，麻烦你带着收据、发票再来我们店铺，我尽最大努力帮你处理这件事，好吗？麻烦你走一趟了！

顾客：好吧，也只能这样了。真麻烦！

销售：给你添麻烦了，不好意思！

（顾客来了之后）

销售：请坐，麻烦你让我看一下是什么情况。请先喝口水吧，会有解决方案的，别着急！

顾客：就是这样，你一定要给我解决啊！

销售：请稍等。

（检查手机）

销售：我大概了解情况了。因为你的手机连到电脑上还是可以识别的，现在我给你刷一下机，看之后情况怎样。

顾客：等等！刷机？那我的数据岂不是都没有了？我还要拿回那些数据！

销售：别急，我帮你刷完机之后，还会帮你做一次手机数据恢复。到时我尽可能把数据都恢复，然后由你来挑，要恢复什么数据，或者将这些数据恢复之后重新放在你的手机上。你看这样行不？

顾客：有解决方案就可以了，快点给我处理吧！

销售：恢复数据要看你的数据可恢复程度，这一步时间可能比较长，如果你有急用，我建议你把 SIM 卡拿出来，放到别的手机上用。或者，我完成之后再打电话通知你。刚才你打给我的那个号码是不是你本人的联系方式？如果不是，这里有纸和笔，写下你的联系方式，完成之后我会通知你的。

顾客：刚才我打给你的那个号码就是我的联系方式。我的 SIM 卡已经拿出来了。

销售：好，请等一下，我马上帮你刷机！

（一段时间的等待后）

销售：好消息！你的手机能正常开机了，你看。

顾客：那就好，你帮我把数据恢复了吧。

销售：这个过程时间可能比较长，如果你有急事，先去处理那些事情吧，我们会尽力把数据恢复出来的！到时我打电话给你。

顾客：也好，到时电话联系。

销售：慢走，让你跑一趟，给你添麻烦了！

（大半天后）

销售：你好，请问是×先生吗？

顾客：我是，你是手机铺的销售吧，现在进展怎么样了？

销售：是的，今天你拿过来那部手机里面的数据经过我们努力，大部分数据已经恢复了。你找个时间来我们店铺来看一下我们恢复的数据是不是你想要的那些数据。

顾客：好的。谢谢！

（顾客再次来到店铺）

顾客：你好，给我看看我的手机。

销售：好的，在这里，你检查一下里面的数据。

顾客：（打开手机翻看）没错，就是这些数据，谢谢了！请问如何收费？

销售：不用，只要在保修期内，你拿着相关单据，就可以来我们店铺维修。

顾客：明白了。谢谢，再见！

销售：请慢走！

案例分析：

案例中售后服务的项目是：＿＿＿＿＿＿＿＿＿＿＿＿＿＿＿＿＿＿＿＿

＿＿＿＿＿＿＿＿＿＿＿＿＿＿＿＿＿＿＿＿＿＿＿＿＿＿＿＿＿＿＿＿＿＿＿＿

案例中售后服务有什么优势：_____

_____

_____

1.5　手机销售实战

面对客户，销售人员不能急于推销，应先了解客户的购买心理和需求，循序渐进地进行推销，这样才能取得事半功倍的效果。

学习了上面的内容，现在要开始手机销售实战了。

分组实战：

全班分成六个小组，每个小组销售不同型号的手机。

第一组销售三星 Galaxy Note 3；

第二组销售苹果 iPhone 5S；

第三组销售 HTC One；

第四组销售 Sony L39h；

第五组销售小米 3；

第六组销售华为荣耀 3x。

如果你是销售人员，现在有一名客人向你提出咨询，想知道以上手机的功能，请你进行解答与销售。

工作步骤一：产品信息收集

在卖手机之前，你要熟知产品的什么内容呢？请填写在表 1-12 中。

手机型号	外观描述	性能参数	产品个性化特色	全国报价

你是通过什么途径找到上述资料的呢？

参考书：_____

上网搜查：（请写出链接）

百度：_____

论坛：_____

微博：_____

工作步骤二：掌握买家心态

由教师扮演不同类型的买家，作为销售人员的你，首先应该判断这个买家有什么特点，属于哪种类型。面对客户，销售人员不能急于推销，应先了解客户的购买心理和需求，然后再循序渐进地进行推销，这样才能取得事半功倍的效果。

请记录买家说话与行为特点：

_____

_____

_____

_____

工作步骤三：手机销售

作为销售人员，在掌握了买家心态之后，你应该运用什么销售技巧？为什么？请记录下来。

_____

_____

_____

_____

工作步骤四：售后服务

1. 客服的投诉处理流程分为_____、_____、_____、_____、_____、_____。请将每个流程的工作内容填入表 1 - 13 中：

表 1 - 13 客服投诉处理流程

流程	工作内容
1	
2	

（续上表）

流程	工作内容
3	
4	
5	
6	

2. 有效的投诉处理。

常见的购物客户投诉原因有 _____、_____、_____。针对这些客户投诉，作为客服应当如何处理？请把处理方式填入表 1 – 14 中：

表 1 – 14　客户投诉处理

投诉	处理方式
1	
2	
3	

3. 手机售后服务提供的服务项目有哪些？

_____

_____

4. 请根据上面所学的知识用自己的方式画出顾客投诉处理流程图，并找一名组员上台对流程图进行讲解。

5. 语言技巧训练。

下面是笔记本销售门店经常接到的各种顾客咨询或投诉，请为每个咨询或投诉写出最佳答案。

顾客：我的手机经常死机，怎么办？是不是假货？

销售：_____

_____

顾客：我的手机圆角掉漆了，可不可以保修？

销售：_____

_____

顾客：在买手机的时候，你们说我手机的功能很强大，可是我在用的时候并没有体会到这些功能的好处，你们能教我怎么用吗？

销售：_____

_____

顾客：我的手机屏幕白天看没什么问题，但一到晚上关了灯之后就发现手机屏幕有一块阴影，怎么回事？

销售：_____

_____

顾客：你们售后服务好差，我买了一部三星 Note2，但是不会用那支笔，到你们店里咨询，居然让我自己百度，那你们白拿工资啊？你们老板在哪里？我要投诉！

销售：_____

_____

_____

顾客：这部机三包时间是多久？

销售：_____

_____

学习情境二

卖笔记本电脑

　　笔记本电脑是一种轻巧迷你型、可随身携带的个人电脑。随着笔记本电脑技术的发展，衍生出上网本、超极本、触控本等多种分类。总体的发展趋势是体积越来越小，重量越来越轻，功能越来越强大。要成为一名称职的笔记本电脑销售员，除了在销售前了解相关的产品信息外，还要在销售时针对不同消费群体的需求套用相应的介绍产品语言为顾客做导购，最后要在售后回访顾客，应对顾客的咨询和投诉。本章将从卖家需要掌握的信息、买家的心态、销售技巧、售后服务这几个方面来说明如何成为一个称职的销售员。

学习目标

1. 能使用电子设备上网搜集笔记本电脑相关资料；
2. 能根据买家的类型选择相应的笔记本进行推销；
3. 能套用标准化语言生动形象地推销产品；
4. 能在售后对顾客进行回访，解决咨询和投诉问题。

2.1 卖家需要掌握的信息

2.1.1 情景描述

小明计算机网络专业中专毕业后到岗顶一间售卖电脑的商铺应聘笔记本电脑销售员。面试时，老板问他："小明，你能说出笔记本电脑跟桌面电脑的异同吗？"小明应该如何作答呢？请你帮帮他。

2.1.2 概述

笔记本电脑因其便携性，备受商务人士、学生、女性等消费群体欢迎。但笔记本电脑属于高科技产品，对客户来说，他们需要的是一位专家顾问，可以解决他们心中的疑问，满足需求。当推销员成了客户心目中的专家顾问，那么成交就不成问题了。但是如何才能成为客户的专家顾问呢？这需要销售员在推销前掌握以下几个方面的关键信息：

2.1.2.1 笔记本类型

1. 上网本

上网本（Netbook）就是轻便和低配置的笔记本电脑，具备上网、收发邮件以及即时信息（IM）等功能，并可以流畅播放流媒体和音乐。上网本比较强调便携性，多用于在出差、旅游途中甚至公共交通上的移动上网。早期的上网本是一台功能不齐全的笔记本电脑，一般以 7 寸为主；后期的上网本已经达到和普通笔记本一样的功能，只是为了减轻重量，一般会去除多余的光驱，这类上网本尺寸为 10 至 12 寸之间。上网本外形大多小巧轻薄，色彩绚丽。

2. 超极本

超极本（Ultrabook）是英特尔定义

的全新品类的笔记本产品。
Ultra 的意思是极端，Ultrabook
指极致轻薄的笔记本产品，即
我们常说的超轻薄笔记本，中
文翻译为超"极"本。超极本
拥有极强性能、极度纤薄、极

机身仅重1.4千克
最薄处6~8mm

其快捷、极长续航、极炫视觉五大特性，将创造移动计算有史以来性能和便
携性的最佳结合，卓越的综合能力带来前所未有的轻薄体验。

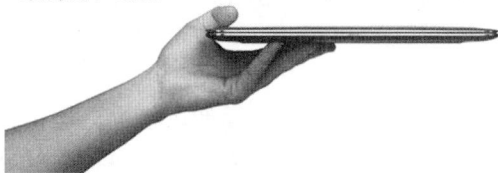

3. 触控本（平板笔记本）

触控本是笔记本家族的新成员，所有操作可以通过触摸屏幕来实现。触
控本外观和笔记本电脑相似，但不是单纯的笔记
本电脑，它可以被称为笔记本电脑的浓缩版。其
外形介于笔记本和掌上电脑之间，但其处理能力
大于掌上电脑，比之笔记本电脑，它除了拥有其
所有功能外，还支持手写输入或语音输入，移动
性和便携性都更胜一筹。

2.1.2.2 品牌

1. 华硕（Asus）

华硕作为全球主板、显卡产品的双冠王，依靠自己雄厚的研发实力，在
自身世界顶尖工程技术研发团队支持下，将笔记本产业迅速带入全球第四位，
并以高品质的产品、创新的技术和令人感动的服务闻名于世。华硕通过设立
最豪华国际级电磁波实验室，成为全球获得 TCO'99 环保认证的笔记本电脑
厂商，取得了环保、生物工程、人体工学、电磁辐射、节能、电气安全性以
及资源回收和有害物控制等方面的权威认可。通过欧盟 RoHS 认证标准，为华
硕领军中国笔记本厂商，迈出顺利通关的第一步。

2. IBM

IBM 全称为"国际商用机器公司"，1992 年开始研发笔记本产品，并在
1992 年 10 月推出"ThinkPad"全系列笔记本。IBM 的"ThinkPad"全系列推
出以来就和商务化紧紧地联系在一起，在它以后众多的设计中都体现了这种
风格。例如 IBM 外壳、色彩及特有的指点杆设计，都与耐用、稳定、大方、
庄重这些主题相结合，突出了鲜明的品牌特色。正因为 IBM 执着的个性追求
和在笔记本领域累计的一千多种专利技术的运用，它成了世界笔记本品牌的
代言人。

3. 惠普（HP）

HP 作为全球第一大激光打印成像制造商，笔记本电脑产品当然也不能小视，特别是在 2002 年和 COMPAQ 合并后，HP 笔记本研发领域有了长足的进步。HP 还凭借打印机体系的服务网络将笔记本服务体系遍布世界各地。在产品全球化后，笔记本的设计风格也更加多元化，从而使它在世界各个地区的市场占有率大大提升。特别是 2004 年，惠普的业绩增长 35%，全年销量达到了 740 万台，排名世界第二位。而后，由于工厂逐渐向中国等发展中国家转移，其产品价格大幅下降。

4. 戴尔（Dell）

Dell 的成长是 IT 业公认的奇迹。在 1996 年涉足笔记本领域后，Dell 的发展可谓一日千里，它的成功完全归功于 Dell 完善的销售模式体系。网络直销和电话直销大大降低了流通环节的成本，促使价格大大降低，而这种模式迎合了美国等发达国家的消费方式。因此，在短短的几年之内，Dell 就将笔记本销量做到了全球第一。但是 Dell 的这套体系也制约了它向中高档笔记本的发展，Dell 成了"低价笔记本"的代表。

5. 东芝（TOSHIBA）

东芝在笔记本领域的辉煌可追溯到 20 世纪 80 年代中期，世界上第一台笔记本电脑就是在东芝的实验室里诞生的。此后，东芝笔记本的研发技术一直走在世界前列，有着许多个世界第一。例如，从 1994 年到 2001 年，其销量一直排名全球第一。

在笔记本的成本控制方面，东芝也有着许多优势，特别是在笔记本零部件的生产上，除了"CPU 和操作系统"之外，其他所有零部件都能生产。2004 年东芝销售了 560 万台笔记本电脑，排名世界第三位。

6. 索尼（Sony）

Sony 可以说是家电和电子产品的代名词，1997 年开始进入笔记本领域。作为全球十大笔记本制造商之一，Sony 始终走的是"时尚、高端"路线，并以家庭消费类的产品为主，因外形美观、漂亮成了最大的卖点，而在稳定性、安全性、耐用性、人性化上则较弱。Sony 虽然将工厂带到了中国，但价格依然比较贵。

7. 宏碁（Acer）笔记本

宏碁集团（Acer）创立于 1976 年，是全球第二大个人电脑品牌。自 2009 年以来宏碁凭借性价比优势长期占据全球销量前两名。宏碁主要从事自主品牌的笔记本电脑、台式机、液晶显示器、服务器及数字家庭等产品的研发、设计、行销与服务，持续提供全球消费者易用、可靠的资讯产品。2008 年 9

月的笔记本销量达到了 360 万台，这是宏碁品牌创立 32 年以来，其笔记本销量首次登上全球榜首，超越惠普、戴尔。

8. 神舟（Hasee）

神舟电脑拥有世界一流的生产设备以及最严格的制造管理，年产 200 万台笔记本、100 万台台式机、100 万台液晶显示器和 50 万台屏式电脑的巨大产能为神舟的腾飞打下了坚实的基础！神舟笔记本以高性价比获得了消费者的喜爱。如今的神舟笔记本细分为天运、承运、优雅以及小本系列。消费者尤其喜爱神舟的优雅系列笔记本，这个系列的笔记本集美观、高性能、高性价比、高工业设计于一体。神舟笔记本如今已经冲出国门，在东南亚、韩国等地区和国家销售。

9. 三星（Samsung）

在韩国政府大力提倡国货的背景下，三星公司平步青云。2001 年，三星凭借它在手机上的知名度，迅速进入了笔记本领域。三星笔记本电脑完全采用了日本的设计风格，注重便携和外观，走视觉路线，但在稳定性、耐用性方面大打折扣，特别是散热技术依旧存在漏洞。三星笔记本的设计和生产全部外包给了台湾一些专业笔记本制造商，在成本控制上有较大的优势。

10. 联想（Lenovo）

联想集团成立于 1984 年，由中科院计算所投资 20 万元人民币，由 11 名科技人员创办，到今天已经发展成为一家在信息产业内多元化发展的大型企业。联想的总部设在美国罗利（Purchase），并建立了以中国北京、日本东京和美国罗利三大研发基地为支点的全球研发架构。通过联想自己的销售机构、联想业务合作伙伴以及与 IBM 联盟，新联想的销售网络遍及全世界。

11. 苹果（Apple）

苹果股份有限公司（Apple Inc），简称苹果公司，总部位于美国加利福尼亚的库比提诺，目前全球笔记本电脑市场占有率为 7.96%。最知名的产品有 Apple II、Macintosh 电脑、iPod、Macbook、Macbook Pro、Macbook Air、数位音乐播放器和 iTunes 音乐商店。它在高科技企业中以创新而闻名。

12. 松下（Panasonic）

松下于 1918 年成立，产品几乎涉足整个电子产品市场。松下笔记本电脑在笔记本行业也表现出色。

2.1.2.3 显示屏

显示屏是笔记本的关键硬件之一，约占成本的四分之一。目前较为流行的笔记本屏幕尺寸为 14 英寸，其他还有 17 英寸、15 英寸、13 英寸、12 英寸等。

显示屏主要分为 CCFL – LCD（简称 LCD）与 LED – LCD（简称 LED）两种。

LCD 是液晶显示屏的英文缩写，以面板区分主要有 TFT、UFB、TFD、STN 等几种类型。笔记本液晶屏最常用的是 TFT。TFT 屏幕是薄膜晶体管，有源矩阵类型的液晶显示器，在其背部设置特殊光管，可以主动对屏幕上的各个独立的像素进行控制，这就是主动矩阵 TFT 的来历。这样可以大大缩短响应时间（约为 80 毫秒），有效改善 STN（STN 响应时间为 200 毫秒）闪烁模糊的现象，提高播放动态画面的能力。和 STN 相比，TFT 有出色的色彩饱和度、还原能力和更高的对比度，太阳下依然看得非常清楚。缺点是比较耗电、成本较高。

LED 是发光二极管 Light Emitting Diode 的英文缩写。LED 应用可分为两大类：一是 LED 单管应用，包括背光源 LED，红外线 LED 等；二是 LED 显示屏。LED 显示屏是由发光二极管排列组成的显示器件。它采用低电压扫描驱动，具有耗电少、使用寿命长、成本低、亮度高、故障少、视角大、可视距离远等特点。

与 LCD 显示器相比，LED 显示器在亮度、功耗、可视角度和刷新速率等方面，都更具优势。LED 与 LCD 的功耗比大约为 1 比 10，而且更高的刷新速率使得 LED 在视频方面有更好的性能表现，能提供宽达 160 度的视角，可以显示各种文字、数字、彩色图像及动画信息，也可以播放电视、录像、VCD、DVD 等彩色视频信号，多幅显示屏还可以进行联网播出。而且 LED 显示屏的单个元素反应速度是 LCD 液晶屏的 1 000 倍，在强光下也可以照看不误，并且适应零下 40 摄氏度的低温。利用 LED 技术，可以制造出比 LCD 更薄、更亮、更清晰的显示器，拥有广泛的应用前景。

2.1.2.4　处理器

处理器可以说是笔记本电脑最核心的部件，一方面它是许多用户最为关注的部件，另一方面它也是笔记本电脑成本最高的部件之一（通常占整机成本的 20%）。笔记本电脑的处理器，基本上由 4 家厂商供应：Intel、AMD、VIA 和 Transmeta。其中 Transmeta 已经逐步退出笔记本电脑处理器的市场，在市面上很少看到。在剩下 3 家中，Intel 和 AMD 又占据着绝对领先的市场份额。

不过，同样是 Intel 的处理器，由于产品新旧更替和定位不同的原因，也存在多个不同的系列，简单来说可以划分为两类：

● Intel **处理器**

1. Core 架构处理器

中文名为酷睿处理器。这是 Intel 于 2006 年 1 月初发布的全新架构产品，包括双核心的 Core Duo 处理器和单核心的 Core Solo 处理器。酷睿处理器不仅分为单双核，还分为标准电压（即型号以 T 开头的）、低电压（型号以 L 开头）和超低电压（型号以 U 开头）3 种，分别针对不同应用需求。Core 架构的处理器具有非常出色的性能和功耗控制水平，是 Intel 发展的重心，Intel 的台式机、服务器、处理器也都采用此架构。代号为 Conroe 的新一代台式机处理器已经被命名为 Core 2 Duo，并于 2006 年 7 月 23 日正式发布。

2. Pentium – M 处理器

这款处理器伴随着迅驰移动计算技术共同出现。该处理器具有省电、低功耗、延长电池寿命等特点，时脉方面比 P4 低，但其效能则与时脉较高的P4 – M 相近。可以认为，运作在 1.6 GHz 的 Pentium M 总体运算性能与 P4 – M 2.4 GHz 相当。Pentium M 处理器在功耗和性能两者间达成了极佳的平衡。

3. Celeron – M 处理器

也就是常说的赛扬处理器。它的最大优势就是廉价，通常售价都在 100 美元以下，而劣势则是性能落后，主要表现在二级缓存容量更小、前端总线频率更低、功耗稍高等等。

● AMD **处理器**

AMD 针对笔记本电脑处理器有两个系列：Turion 64（炫龙）和移动版 Sempron（闪龙）。

移动版的 Sempron 处理器是简化版的产品，类似于 Intel 的 Celeron 产品。其最大优点就是便宜（Sempron 比 Celeron 还要便宜许多），因此许多售价不足 6 000 元甚至更便宜的笔记本电脑，都有可能搭配这款处理器。

为了提高移动处理器的竞争力，2006 年 5 月 17 日，AMD 发布了针对笔记本电脑的双核处理器 Turion 64X2，这是第一款 64 位的双核移动处理器。

2.1.2.5 硬盘

硬盘对系统整体性能有着至关重要的影响。

1. 厚度

笔记本电脑硬盘有个台式机硬盘没有的参数，就是厚度。标准的笔记本电脑硬盘有 9.5 毫米、12.5 毫米、17.5 毫米三种厚度。9.5 毫米的硬盘是为超轻超薄机型设计的，12.5 毫米的硬盘主要用于厚度较大光软互换和全内置机型，至于 17.5 毫米的硬盘是以前单碟容量较小时的产物，现在已经基本没有机型采用了。

2. 转数

笔记本电脑硬盘由于采用的是 2.5 英寸盘片，即使转速相同时，外圈的线速度也无法和 3.5 英寸盘片的台式机硬盘相比。因此笔记本电脑硬盘现在是笔记本电脑性能提高的最大瓶颈。主流台式机的硬盘转速为 7 200 转，但是笔记本硬盘转速仍以 5 400 转为主。

3. 容量及采用技术

由于应用程序越来越多，硬盘容量也有愈来愈大的趋势。对于笔记本电脑的硬盘来说，不但要求其容量大，还要求其体积小。常见的硬盘容量单位从小到大依次为千字节（kB）、兆字节（MB）、吉字节（GB）、太字节（TB），相邻的两个单位间相差 1 024 倍，例如 1 024kB＝1MB，以此类推。固态硬盘是近几年的新技术，它是采用固态电子存储芯片阵列制成的硬盘，由控制单元和存储单元（FLASH 芯片、DRAM 芯片）组成。相比起普通硬盘，固态硬盘的接口规范和定义、功能、使用方法、产品外形和尺寸完全相同，但具有读写速度快、防震抗摔、低功耗、无噪音、轻便等优势。

2.1.2.6　内存

笔记本电脑的内存在一定程度上可以弥补因处理器速度慢而导致的性能下降。一些笔记本电脑将缓存内存放置在 CPU 上或非常靠近 CPU 的地方，以便 CPU 能够更快地存取数据。有些笔记本电脑还有更大的总线，以便在处理器、主板和内存之间更快地传输数据。

由于笔记本电脑整合性高，设计精密，对于内存的要求比较高。笔记本内存必须符合小巧的特点，需采用优质的元件和先进的工艺。具有高内存的笔记本电脑体积小、容量大、速度快、耗电低、散热好。出于追求体积小巧的考虑，大部分笔记本电脑最多只有两个内存插槽。常用的笔记本电脑内存类型为 DDR3。

2.1.2.7　显卡

显卡主要分为集成显卡和独立显卡。从性能上看，独立显卡要好于集成显卡。

集成显卡将显示芯片、显存及其相关电路都做在主板上，与主板融为一体。集成显卡的显示芯片有单独的，但大部分都集成在主板的北桥芯片中。一些主板集成的显卡也在主板上单独安装了显存，但其容量较小，集成显卡的显示效果与处理性能相对较弱，不能对显卡进行硬件升级，但可以通过

CMOS 调节频率或刷入新 BIOS 文件实现软件升级来挖掘显示芯片的潜能。集成显卡的优点是功耗低、发热量小。部分集成显卡的性能已经可以媲美入门级的独立显卡，所以不用花费额外的资金购买显卡。

独立显卡是指将显示芯片、显存及其相关电路单独做在一块电路板上，自成一体作为一块独立的板卡存在，它需占用主板的扩展插槽（ISA、PCI、AGP 或 PCI－E）。独立显卡单独安装有显存，一般不占用系统内存，在技术上也较集成显卡先进得多，比集成显卡有更好的显示效果和性能，容易进行显卡的硬件升级。其缺点是系统功耗有所加大，发热量也较大，需额外花费购买显卡的资金。

独立显卡主要分为两大类：Nvidia（即通常说的"N"卡）和 ATI（即通常说的"A"卡）。"N"卡主要倾向于游戏方面，"A"卡主要倾向于影视图像方面。但在非专业级别的测试上，这种倾向较微弱。随着画面的特效进入 DX10.1 时代，显卡也进行了相应的升级，两大显卡厂商相继推出新型显卡，Nvidia 100 M 系列和 ATI 4000 系列，它们都支持 DX10.1 的特效处理。

N 卡：Nvidia 100 M 系列市面上主要有 Nvidia G102M、Nvidia G103M、Nvidia G105M、Nvidia G110M、Nvidia G120M、Nvidia G130M，标号越大的产品性能越好，它们所对应的 9 代显卡分别是 9200 GS、9300 GS、9400 GS、9500 GS、9500 GT、9650 GT，在此基础上性能都有较大幅提升（性能排序：GTX > GT > GE > GS > GSO）。9 代的显卡有很大一部分厂商在用，主要有 9200~9650 等。

A 卡：ATI 4000 系列市面上主要有 4330、4530、4570、4650 等，同样是标号越大性能越好。也有大部分产品采用 3000 系列的老显卡，有 3450、3470、3650 等等。A 卡的型号第三位数相当于 N 卡的 GS、GT。显卡的性能辨别主要看参数的比重：型号 > 性能标示 > 显存大小 > 显存频率。

2.1.2.8 续航能力

目前大部分笔记本产品的续航能力都不算很长，一般 14 英寸笔记本标配的六芯电池实际应用时间在 2~3 小时。对于大多数笔记本电脑来说，性能和续航能力似乎总是难以达到平衡，追求高性能的笔记本在续航时间上不够出色；续航能力相对不错的产品在整机性能方面又往往不能满足用户需求，电池续航也成了笔记本性能指数的一个瓶颈，不过好在芯片制造商在处理器功耗与优化方面的控制可以有效帮助笔记本达到更长的使用时间。另外因为超极本的特性，其办公续航能力大大增强，但在娱乐方面的续航能力暂时还有待解决。（摘自百度百科）

2.1.3 案例

计算机技术日新月异，作为推销员必须与时俱进才能胜任客户的专家顾问。当前信息技术发达，我们通过网络就可以获取最新的笔记本电脑资讯。以下就以大中华区最具商业价值的 IT 专业网站"中关村"作为例子，示范一下如何使用网络来获取资料：

登陆中关村网址：http：//www.zol.com.cn/，找到主页的数码导购区，点击笔记本超链接。

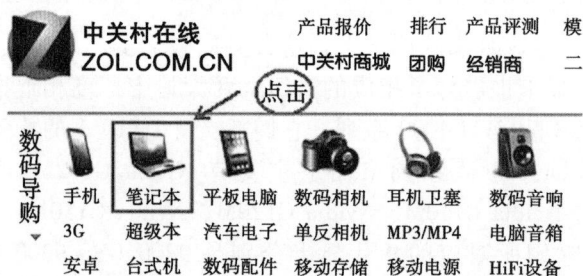

在笔记本主页可以获取跟笔记本电脑相关的各种资讯，如今日头条、热点、即时焦点、新闻动态、产品评测、市场行情等。了解笔记本电脑的最新动态，走在时代的最前端。

另外我们可以通过笔记本主页上方的笔记本搜索功能区获取相关笔记本的具体资料。

如客户提出需要三星品牌，价格在 3 000 至 4 000 元的笔记本电脑。我们

可以点击搜索功能区右下角的高级搜索，在笔记本电脑高级搜索页面中选择相应的条件后，点击最下方的查看结果按钮显示查询结果，在结果中点击任意产品型号就可以浏览该产品的详细介绍页面，该页面包含产品报价、参数、评测、点评等。

2.2 买家的心态

2.2.1 情景描述

小明成功地通过了面试，今天是他第一天上班。刚开门不久，店里就来了一位中年男性顾客。该顾客一来就问："我想买台笔记本电脑，但不知道什么牌子好，能帮我介绍一下吗?"小明应该向他推销什么类型的笔记本电脑呢?

2.2.2 概述

2.2.2.1 消费者的分类

购买动机是引导顾客购买的活动指向目标，以满足需要的购买意愿和冲动。这种购买意愿和冲动是十分复杂、捉摸不透的心理活动，从其表现来看，可以将消费者分为理性消费者和感性消费者两种。

2.2.2.1.1 理性消费者

理性消费者都是有备而来，对价格、功能、产品信息已经了如指掌，在购物的过程中不需要推销人员的指导，指导反而引来反感。但是在他开口询问的时候一定要以好的态度，以精美的语言来说服他。顾客在理性动机驱使下，会产生以下消费心理:

1. 适用

适用即求实心理，是理智动机的基本点，即立足于商品的最基本效用。在适用动机的驱使下，顾客偏重产品的技术性能，而对其外观、价格、品牌等的考虑则在其次。

2. 经济

经济即求廉心理，在其他条件大体相同的情况下，价格往往成为左右顾客取舍某种商品的关键因素。折扣券、大拍卖之所以能牵动千万人的心，就是因为"求廉"心理。

3. 可靠

顾客总是希望商品在规定的时间内能正常发挥其使用价值，可靠实质上是"经济"的延伸。名牌商品在激烈的市场竞争中具有优势，就是因为具有上乘的质量。所以，具有远见的企业总是在保证质量前提下打开产品销路。

4. 安全

随着科学知识的普及，经济条件的改善，顾客对自我保护和环境保护意识增强，对产品安全性的考虑愈来愈多地成为顾客选购某一商品的动机。"绿色产品"之所以具有广阔的前景就是迎合了这一购买动机。

5. 美感

爱美之心人皆有之，美感也是产品的使用价值之一。企业之所以对产品外观设计注入愈来愈多的心血，就是因为消费者购买决策时，美感动机的成分愈来愈多。

6. 使用方便

省力省事无疑是人们的一种自然需求。商品，尤其是技术复杂的商品，使用快捷方便，将会更多地受到消费者的青睐。带遥控的电视机、只需按一下的"傻瓜"照相机以及许多一次性商品走俏市场，正是迎合了消费者的这一购买动机。

7. 购买方便

在社会生活节奏加快的今天，人们更加珍惜时间，对选择性不大的商品，就近购买、顺便购买、捎带购买经常发生，这一消费动机使一应俱全的超级市场十分兴旺。邮购、电话购物、电视购物等多种购物方式的兴起正是迎合了消费者的这一购买动机。

8. 售后服务

产品质量好，是一个整体形象。对多数消费者而言，花一笔不小的积蓄购买高档耐用消费品，即使是享誉世界的名牌产品也不能完全消除心理上的紧张感。因而，有无良好的售后服务往往成为左右顾客购买行为的砝码。为此，提供详尽的说明书、进行现场指导、及时提供免费维修、实行产品质量保险等都成为企业争夺顾客的手段。

2.2.2.1.2 感性消费者

感性消费者在购物的时候需要推销人员的指导，比如，产品的介绍、功能的说明、与其他品牌产品的区别、产品的推荐等。这类用户往往是没有准备好购物的目标，来到商场再寻求的。这时推销人员的态度、行为与语言起到重要的作用。顾客在感性动机驱使下，会产生以下消费心理：

1. 好奇

好奇是一种普遍的社会现象，没有有无之分，只有程度之别。一些人专门追求新奇、赶时髦，总是充当先锋消费者，至于是否经济实惠，一般不大考虑。诸如魔方、跳跳糖、谜语手纸、电动牙刷、意彩娃娃等在市场上风靡一时就是迎合了这一心理。

2. 异化

异化心理多见于青年人，他们不愿与世俗同流，总希望与别人不一样。我国 1994 年下半年开始由南往北渐进的将黑发染成黄发、红发的行为就反映了他们标新立异的心理。

3. 炫耀

这多见于功成名就的高收入阶层，也见于其他收入阶层中的少数人。在他们看来，购物不光是适用，还要表现个人的财力和欣赏水平。他们是消费者中的尖端消费群，倾向于购买高档化、名贵化、复古化商品。购买几十万乃至上百万美元的轿车、上万美元的手表等正代表了这一心理。

4. 攀比

攀比，社会学家称之为"比照集团行为"。有这种行为的人，照搬他希望跻身其中的那个社会集团的习惯和生活方式。人家有了大屏幕彩色电视机、摄像机、金首饰，自己没有就浑身上下不舒服，不管是否需要、是否划算，也要购买。

5. 从众

作为社会人，总是生活在一定的社会圈子中，有一种希望与他应归属的圈子同步的趋向，不愿突出，也不想落伍。受这种心理支配的消费者构成后随消费者群。这是一个相当大的顾客群。研究表明，当某种耐用消费品的家庭拥有率达到 40% 后，将会引发该消费品的消费热潮。

6. 崇外

一些讲摩登的人盲目崇拜外国货，只要是舶来品就买。一些家用电器生产厂，尽管绝大部分甚至全部采用了国产件，仍沿用进口散件组装的牌子在国内销售。有的企业在产品或包装上全用外文，或者只用拼音字母而不著一个汉字，就是利用这种崇外心理。

7. 尊重

顾客是企业的争夺对象，理应被企业奉为"上帝"。如果服务质量差，哪怕产品本身质量好，顾客往往也会弃之不买，因为谁也不愿花钱买气受。因此，企业及其商品推销员、售货员、维修人员应真诚地尊重顾客的经济权力，有时尽管商品价格高一点，或者质量有不尽如人意之处，顾客感到盛情难却，也乐于购买，甚至产生再次光顾的动机。

2.2.2.2 消费者购买决策过程

消费者购买决策过程可以归纳为几个步骤，按顺序依次是问题认知、搜集信息、评价与选择、决策、再评价。

问题认知是指消费者认识到自己有某种需要，这是决策过程的开始，这种需要可能由内在的生理活动引起，也可能是受到外界的某种刺激引起。例如，看到别人穿新潮服装，自己也想购买；或者是内外两方面因素共同作用的结果。因此，营销者应注意不失时机地采取措施，唤起和强化消费者的需要。

一般来讲，引起的需要不是马上就能满足，消费者需要寻找某些信息来辅助决策。消费者信息来源主要有个人来源（家庭、朋友、邻居、熟人等）、商业来源（广告、推销员、经销商、包装、展览等）、公共来源（大众传播媒体、消费者评审组织等）、经验来源（处理、检查和产品等）等。市场营销人员应对消费者的信息来源认真加以识别，并评价其重要程度，询问消费者最初接到品牌信息时有何感想等。

消费者得到的各种有关信息可能是重复的，甚至是互相矛盾的，因此还要进行分析、评估和选择，这是决策过程中的决定性环节。在消费者的评估选择过程中，有以下几点值得营销者注意：①产品性能是购买者所考虑的首要问题；②不同消费者对产品的各种性能给予的重视程度不同，或评估标准不同；③多数消费者的评选过程是将实际产品同自己理想中的产品相比较。

消费者对商品信息进行比较和评选后，已形成购买意愿。然而从购买意愿到决定购买之间，还要受到两个因素的影响：①他人的态度，反对态度愈强烈，或持反对态度者与购买者关系愈密切，改变购买意愿的可能性就愈大；②意外的情况，如失业、意外急需、涨价等，都很可能改变购买意愿。消费者改变、推迟或者回避做出某一购买决定，往往是受到了以上两种可觉察风险的影响。可觉察风险的大小随着需支付货币数量、不确定属性的比例以及消费者的自信程度而变化。市场营销人员必须了解引起消费者风险感的那些因素，进而采取措施来减少消费者的可觉察风险。

消费者购买后的满意程度取决于消费者对产品的预期性能与产品使用中的实际性能之间的对比。消费者根据自己从品牌商、朋友以及其他来源所获得的信息来形成产品期望。如果品牌商夸大其产品的优点，消费者将会感受到不现实的期望。这种不现实的期望会导致消费者的不满意感。理想与现实之间的差距越大，消费者的不满意感也就越强烈。所以，品牌商应使其产品真正体现出其可觉察性能，使购买者感到满意。事实上，那些有保留地宣传其产品优点的企业，反倒使消费者产生了高于预期的满意感，并树立起良好的产品形象和企业形象。消费者对其购买的产品是否满意，将影响到以后的购买行为。如果对产品满意，则在下一次购买中可能继续采购该产品，并向其他人宣传该产品的优点；如果对产品不满意，则会取消再次购买，因为在人身上存在着一种在自己的意见、知识和价值观之间建立协调性、一致性或和谐性的驱使力。具有不和谐感的消费者可以通过放弃或退货来减少不和谐，也可以通过寻求证实产品价值比其价格高的有关信息来减少不和谐感。市场营销人员应采取有效措施尽量减少购买者购买后的不满意程度。

2.2.2.3　影响消费者购买决策的因素

影响消费者购买决策的因素可以分为几大类：

（1）环境因素，如文化环境、社会环境、经济环境；

（2）刺激因素，如商品的价格、质量、性能、款式、服务、广告、购买方便与否等；

（3）消费者个人及心理因素。

个人因素包括年龄、性别、职业、经济状况和个性等因素。其中消费者的心理因素，因为不能直接看到，又被称作黑箱。而刺激因素则由企业出发，然后被输入消费者黑箱，经过消费者心理活动过程，变为有关购买的决策输出。

心理因素包括四个方面：第一，动机。任何购买活动总是受一定的动机所支配，这种来自于消费者内部的动力反映了消费者在生理、心理和感情上的需要。第二，感觉与知觉。两个具有同样动机的消费者，会因为各自的感觉和知觉不同而做出不同的购买决策。第三，学习。学习是一种由经验引起的个人行为相对持久变化的心理过程，是消费者通过使用、练习或观察等实践，逐步获得和积累经验，并根据经验调整购买行为的过程。企业应创造条件，帮助消费者完成学习过程。第四，信念与态度。消费者在购买和使用商品的过程中形成的信念和态度又反过来影响其未来的购买行为，企业最好改变自己的产品以迎合消费者固有的态度，而不是去试图改变消费者的态度。

绝大部分顾客都不会花大钱去买笔记本电脑，他们追求的目标都是价格低配置高。而不同的客户群体，需求各有不同，要根据客户群体的需求来进行销售，才能体现出自身的专业性。

笔记本电脑买家的诉求按照使用用途可以分为上网、办公、玩游戏、多媒体处理、娱乐（听音乐、看视频、看小说等）。当顾客来买笔记本电脑时，作为销售员首先要询问顾客购买笔记本来做什么。如果回答是上网的话，就推荐上网本；回答是办公的话，就推荐商务笔记本；回答玩游戏的话，就推荐独立显卡的配置高的笔记本；回答图片、视频处理或做设计的话，就推荐苹果品牌的笔记本；回答听音乐、看视频、看小说的话，就推荐一般的笔记本或超极本。

笔记本电脑的消费群体按职业来分，主要是学生、职员、中层主管这三大类。学生群体，一般追求比较时尚或者大品牌的笔记本，就推荐索尼、三星、联想、海尔这一类；商务群体追求结实耐用，一般不注重外形，可推荐IBM、惠普这一类商务笔记本品牌。

不管顾客是不是真的有意购买，作为销售员都要很耐心地为顾客讲解每款笔记本电脑的配置和性能，最好能拿时下流行的一些软件的官方标准配置作为例子来进行对比，这样更有说服力。（摘自百度）

2.2.3　案例

一对中年夫妇走进一家笔记本电脑销售店里面。

销售：先生您好，来看看我们的笔记本电脑，这个月有促销活动，赠送特惠大礼包！

男顾客：你们这儿有卖索尼笔记本的吗？

销售：有，我们这里什么型号的索尼笔记本都有，不同型号性能不一样。请问先生您购买电脑是用来做什么的呢？

男顾客：上班用的。

销售：那我向您推荐惠普的笔记本。

男顾客：你推荐的这个牌子我怎么不熟悉啊，好像没有听说过？

销售：惠普这个品牌很早就开始做笔记本了，是美国的知名品牌，获得过好几次"中关村电脑节"十大知名品牌的荣誉。

女顾客：我就觉得索尼的笔记本好，人家是世界名牌，肯定比你介绍的品牌专业。

销售：这您就有所不知了，现在笔记本除了外壳不同，其他的东西像CPU、内存、主板、硬盘这些硬件，都不是自己生产的。买品牌机就是买服务，惠普是美国知名的公司，售后服务非常有口碑，能随时为您提供服务。还有，您看，这是我们为您准备的服务大套餐，10 天内无条件包换，1 年内保修，终生服务支持。

男顾客：价格上能优惠多少？

销售：我们正在搞暑期大促销，购买我们的任何一款电脑都有礼品赠送，只要您加 9 块钱还可送您一个麦克风或是 101 远程教育卡，加 99 块钱送一个手写板或是我们的软件大礼包，加 199 元送您一个 300 G 移动存储器或者双层电脑桌，加 399 元送您扫描仪或数码相机。机会难得呀！

案例分析：

（1）在顾客走近时，以特惠大礼包来吸引顾客是无可厚非的，但接下来最重要就是要问顾客要买笔记本来做什么。从中年人的对话来看，他好像对电脑的配置等并不是很在行，也不感兴趣，他关心的是这台电脑的牌子是什么，质量、售后有什么保证，他要买一个保险的、放心的产品。销售员的说服工作应该围绕消费者购买笔记本的目的进行。

（2）要把自己的身份摆正。部分销售人员会喜欢打断客户的陈述，迫不及待地摆弄自己的专业，几轮下来，顾客的兴致就被说没了。销售人员的身份应该是顾客的顾问，在帮顾客挑选他们需要的东西，所以最重要的工作是要搞清楚这台电脑是谁使用，都用来干什么，准备花多少钱。弄清楚这些以后，销售才能有针对性地推荐适合的产品。这样既能体现你对顾客的关怀，又能有的放矢地进行销售。

（3）专业性绝对是优秀销售人员的必备素质。如果对方询问一个型号或者性能，销售员支支吾吾，一定会影响购买者的信心。不过专业性在销售过程中的表现要自然，不能摆出自己是专家，对购买者的观点不屑一顾。

2.3 销售技巧

2.3.1 情景描述

小明向中年男性推荐了联想品牌的笔记本电脑。该顾客还是不断地在追问："哪个型号好啊，什么是双核，能上网吗，送鼠标吗?"面对各种疑问，小明应该如何应对呢？

2.3.2 概述

沟通能力是一个销售人员最重要、最核心的技能，如何面对不同喜好、不同性格，甚至不同心情的客户，使对方有兴趣倾听，先接受销售员，进而接受产品，这是一个很专业的技巧。掌握这些技巧才能更好地了解客户的需求，推销自己的产品。销售技巧是销售能力的体现，也是一种工作的技能，做销售是人与人之间沟通的过程，宗旨是动之以情、晓之以理、诱之以利，包括对客户心理、产品专业知识、社会常识、表达能力、沟通能力的掌控与运用。常用的销售技巧有厉兵秣马、关注细节、借力打力、见好就收、送君一程等。

1. 厉兵秣马

兵法说，不打无准备之仗。作为销售来讲，道理也是一样的。很多刚出道的促销员通常都有一个误区，以为销售就是要能说会道，其实根本就不是那么一回事。作为产品销售员，从产品知识到故障分析，从企业历史到销售技巧，每一个环节都应反复练习，直至倒背如流。

2. 关注细节

现在有很多介绍促销技巧的书，里面基本都会讲到促销员待客要主动热情。但在现实中，很多促销员不能领会到其中的精髓，以为热情就是要满面笑容，要言语主动。其实这是错误的，什么事情都要有个度，过分的热情反而会产生消极的影响。

热情不是简单地通过外部表情就能表达出来，关键还是要用心去做。所谓精诚所至，金石为开，真正的诚就是想顾客所想，用企业的产品满足他们的需求，使他们获益。

3. 借力打力

销售是一个整合资源的过程，如何合理利用各种资源，对销售业绩的帮助不可小视。作为站在销售第一线的促销员，这点同样重要。

促销员和同事一起演双簧，非常有效。特别是当一些非常有意向购买的顾客在价格或者其他什么问题上卡住的时候，可以请出店长来帮忙。一来表明重视，二来谈判起来比较方便，只要再给他一点小实惠，顾客一般都会买单，屡试不爽！当然，如果领导不在，随便一个人也可以临时客串一下领导。关键是要满足顾客的虚荣心和爱贪小便宜的心理。

4. 见好就收

销售最忌拖泥带水，不当机立断。在销售现场，顾客逗留的时间在 5 至 7 分钟最佳！有些促销员不善于察言观色，在顾客已有购买意愿时不能抓住机会促成销售，仍然在喋喋不休地介绍产品，结果导致了销售的失败。所以，一定要牢记使命，就是促成销售！不管是介绍产品，还是做别的努力，最终都是为了销售产品。所以，只要到了销售的边缘，一定要马上调整思路，尝试缔约。一旦错失良机，要再度引起顾客的欲望就比较困难了，这也是刚入门的促销员最容易犯的错误。

5. 送君一程

销售上有一个说法，开发一个新客户的成本是保持一个老客户成本的27倍！要知道，老客户带来的生意远比你想象中的要多得多。促销员注重和已成交的顾客维持良好关系，会带来丰厚的回报。做起来也很简单，只要认真地打包，一声真诚的告别，如果不是很忙的话，甚至可以把他送到电梯口。有时候，一些微不足道的举动，也会使顾客感动万分！

由于笔记本电脑的专业性，产品知识并不一定能被消费者所理解，销售员推销时即使引经据典，滔滔不绝，仍旧无法说服客户。部分业务员认为只要懂得一些产品的基础知识，给客户说清楚，就能做好推销业务，这样的理解也是错误的，因为不能用市场化的语言来介绍产品。因此，推销笔记本电脑时应该做到：第一，产品知识通俗化，推销员说的产品知识必须是适合销售的产品知识，而不是指产品知识本身；第二，产品知识标准化，在推销产品时，形成一套标准的介绍产品的语言，既要生动又要形象，让顾客很快就能明白；第三，产品卖点突出化，推销前找到自己产品和同类产品的不同之处，强化自己产品的卖点；第四，产品价格灵活化，了解产品的价格组成，知道自己的权限范围，制订出自己做业务的价格套路。

当我们做好了以上售前准备，接下来就是面对客户的实战了。不同的客户有不同的需求，我们需要对症下药。可以按照以下的步骤确认顾客需求：

● 第一步：谁来用？定位用户。

对于二三十岁的年轻人，主要是自己用吗？

对于四五十岁的中年人，一般都领着孩子，主要是给孩子用吗？

对于非主流笔记本消费人群，如中年妇女，主要是谁用呢？

● 第二步：啥配置？掌握熟练度。

对于一些看起来知识层面较高的客户，您现在用的电脑是什么配置？

对于年龄较大或看似受教育程度较低的客户，您接触过电脑吗？

● 第三步：做什么？抓住需求。

对于没有提出要求的消费者，主要想用电脑做什么？

对于要求较少，或替别人购买的消费者，除了以上的功能外，您还有什么其他方面的使用需求吗？

● 第四步：问预算？针对推销。

对于所有的客户，您的购买预算是多少呢？

对于二三十岁的客户，您希望电脑配置功能够用就好，还是需要性能强大呢？

对于对电脑了解程度一般的消费者或女性客户，价格相同的情况下，您更关注电脑的哪一项，功能、配置、还是外观？

　　● 第五步：问配件？强调赠品。

　　对于所有的客户，您需要购买鼠标吗？

　　对于所有的客户，现在购买笔记本赠送键盘保护膜哦，能保护您的键盘，又漂亮，外面单买要 10 块钱一张呢。

2.3.3　案例

　　一位老先生走进了电子城的一家电脑专卖店。

　　销售：您好，欢迎光临，可以为您提供什么服务吗？

　　老人：你先忙吧，我随便看看。

　　销售：您看好了吗？喜欢哪一款，我给您介绍一下。

　　老人：你这里有小一点的电脑吗？

　　销售：您说的是笔记本电脑吧。我们这里有很多，请问您是给您的孙子用的吗？

　　老人：是啊，退休了闲着没事，我用家里的电脑上网玩了一下，还真有趣，高科技就是好哇！顺便还能让小孙子也来学学电脑。

　　销售：小孙子跟您住在一块吗？

　　老人：是啊，他爸妈太忙顾不上照顾他，小家伙就喜欢缠着我们。

　　销售：小孙子多大了？

　　老人：九岁，该上三年级了，成绩特别好。

　　销售：您真有福，您祖孙俩准备选一款什么样的电脑呢？除了上网的功能外，您还有什么其他方面的使用需求吗？

　　老人：屏幕大一点，重量轻一点，方便携带就最好了。

　　销售：大爷您的预算是多少呢？

　　老人：4 000 块左右吧。

　　销售：您看这款怎么样，它是专为家庭设计的超极本——嘉翔 V，是今年刚刚推出的新品，产品外观时尚、实用，提供多种实用功能，比如说提供长城影音中心、救护中心、杀毒软件、智能驱动等，还有创新的键盘功能键设计，是一款宽带电视笔记本电脑。它运行英特尔 i5 处理器，配置 2 G 内存，集成 GT9500 显卡，看高清电影也十分流畅。而且自带 17 英寸液晶显示器，对小孩的视力会更好。

　　老人：价格上还能优惠多少？

　　销售：我们有价值 1 000 多元的暑期大礼包赠送给您，价格上已经不能再优惠了。现在购买还可以赠送扫描仪或数码相机。

老人：你们电脑的质量没问题吧？

销售：这个品牌在1999年就通过了ISO9001质量体系认证，质量绝对没问题，您就放心好了。

案例分析：

（1）与顾客的初步接触就是寻找合适的机会，吸引顾客的注意，并用亲切的语气接近顾客，创造销售机会。在这个场景中销售员做得很好。

（2）从老先生的提问中我们可以看出这个场景中的老先生有较高的购买意愿。对于那些购买可能性较小的人可以实施无干扰的服务，但对于这种购买概率较高的人要主动出击。

（3）销售员显然是受过专业的培训，开始时语言比较大方，十分亲切，从与顾客唠家常开始切入，所以这位老先生对她的第一感觉比较友好。

（4）确认顾客的需求十分重要，这位销售员能循序渐进地询问顾客需求，并能有针对性地选择产品来进行推销，推销的语句也十分容易让人接受。

（5）顾客在有了购买意向时，会提出一些异议，或对销售员的介绍还有疑问。销售员要耐心地倾听，一定要弄清楚顾客提出异议的深层原因。用户为什么不买我们的产品，是质量方面的顾虑、嫌价格高，还是产品没有名气？如果这点判断不准，就会陷入治标不治本的误区。上例中，顾客问了许多问题，销售员很快就理解了顾客心中的疑问，并做出相应回答，解答了顾客心中的疑问，成功地售出了产品。

2.4　售后服务

2.4.1　情景描述

小明成功地说服了这名中年男性顾客购买了一台笔记本。但不到一天，这位顾客带着各种问题又回来了："怎么设置登录密码啊？怎么打开QQ总是会崩溃？这个键按下去后不是很灵敏，怎么办啊？"这时候小明应该如何应对呢？

2.4.2　概述

笔记本销售出去后，销售员的工作并没完成，仍需要继续对顾客进行售后服务。售后服务指的是在商品出售以后所提供的各种服务活动。从推销工作来看，售后服务本身也是一种促销手段。销售员通过追踪跟进售后，采取各种形式的配合手段，来提高企业的信誉，扩大产品的市场占有率，提高推销工作的效率及效益。

在市场激烈竞争的今天，随着消费者维权意识的提高和消费观念的变化，消费者在选购笔记本产品时，不仅注意到产品实体本身，而且在同类产品的质量和性能相似的情况下，更加重视笔记本产品的售后服务。因此，企业在提供产品的同时，向消费者提供完善的售后服务，已成为现代笔记本电脑企业市场竞争的新焦点。

售后服务的内容主要包括：

（1）代为消费者安装、调试产品；

（2）根据消费者要求，进行有关使用等方面的技术指导；

（3）保证维修零配件的供应；

（4）负责维修服务，并提供定期维护、定期保养；

（5）为消费者提供定期电话回访或上门回访；

（6）对产品实行"三包"（即包修、包换、包退）；

（7）处理消费者来信、来访以及电话投诉，解答消费者的咨询。同时用各种方式征集消费者对产品质量的意见，并根据情况及时改进。

笔记本电脑销售员主要负责的是解答消费者的咨询，一部分的维修服务，还有相关投诉。这些售后服务内容可以分为两大方面：软件和硬件。

2.4.2.1 软件问题

计算机软件是指计算机系统中的程序及文档。程序是计算任务的处理对象和处理规则的描述；文档是为了便于了解程序所需的阐明性资料。程序必须装入机器内部才能工作，文档一般是给人看的，不一定装入机器。

笔记本电脑软件咨询主要是针对笔记本电脑的使用方法或由于软件不兼容、软件本身有问题、操作使用不当、感染病毒或电脑系统配置不当等因素引起的电脑不能正常工作的故障等问题。

针对软件问题，解决的大体思路是根据情况先想后做。首先了解情况，然后确定原因，再次查找并选择解决办法，最后解决问题。例如：迅雷软件打不开，可以先尝试几种常见的软件打开看看，如果还是无法解决就卸载软件后重装该软件，一般都能解决问题。

2.4.2.2 硬件问题

计算机硬件是指计算机系统中由电子、机械和光电元件等组成的各种物理装置的总称。这些物理装置按系统结构的要求构成一个有机整体，为计算机软件运行提供物质基础。简言之，计算机硬件的功能是输入并存储程序和数据，执行程序并把数据加工成可利用的形式。

笔记本电脑是一类集成度很高的电子产品，不是所有的用户都能够拆卸和修理。再加上笔记本电脑受工作环境影响较大，比如在高温或者撞击下都有可能发生故障，因此是一种较为"脆弱"的电子产品。笔记本电脑具有高度集成性，一般的销售员也无法对其硬件进行检测维修，遇到硬件问题还是需要交回给相关的厂家实行"三包"。笔记本电脑三包有效期分为整机三包有效期和主要部件三包有效期。三包有效期自开具发票之日起计算，扣除因修理占用、无零配件待修延误的时间。三包有效期的最后一天为法定休假日的，以休假日的次日为三包有效期的最后一天。在三包有效期内的，消费者凭发票和三包凭证办理修理、换货、退货业务。如果消费者丢失发票和三包凭证，但能够证明该微型计算机商品在三包有效期内的，销售者、修理者、生产者应当按照规定负责修理、更换。

2.4.3 案例

销售：一共是 6 688 元，这是您的小票，请到那边的收银台交款。我们的售后人员会在三小时内将电脑送到您家里。

顾客：收银台那么多人，你能不能替我交一下！

销售：实在对不起，因为牵扯到钱的问题，所以最好您亲自去交。

顾客：哪一联是你们要留的？

销售：我们要第二联和第三联，第四联是您的。您看一下，如果没问题，我们来选赠品吧！这是您的软件大礼包，这是您的数码相机，您拿好了，要再试一试吗？

顾客：哦，不用了，谢谢。

销售：请把您的详细住址写在这里。下午，我们的售后人员就会把电脑送到您家里，为您调试好。这是我们公司在北京服务网点的电话，您可以拨打任何一个离您最近的电话号码，一年内我们保证 24 小时内服务上门。这一组是全国的维修服务点的地址和电话，在全国各地，您都能得到我们及时的服务，有什么需要，请随时再来。您再检查一下，看有没有遗忘的东西。

终端产品销售轻松入门

顾客：谢谢！

销售：您慢走。

案例分析：

（1）售后服务是销售的最后阶段，做好最后一步，不仅能给顾客留下深刻的印象，还可以带来更多生意。所以，绝不能因为顾客已经决定购买而有所松懈。一定要用清晰而确定的语言和顾客确认前面已经达成共识的内容。要明确地告诉顾客购物的总价值。如果是自己收钱，要在顾客面前清点，确认付款金额和找钱金额。还要请顾客看清楚发票，向顾客展示保修卡等。要做到服务透明化。

（2）顾客决定购买后，希望付款过程简单快捷，银码无误，货物包装完好美观。在这个时候导购代表必须表现出专业素养，让顾客有良好的印象。一定要微笑，同顾客保持目光接触。要给顾客留下可信赖的印象，让顾客坚信自己的选择是对的。既不能表现出成交后的兴奋和浮躁，也不能过于婆婆妈妈，让顾客不耐烦。一旦有哪点处理不好，就会功亏一篑。简洁明快是这一阶段的指导方针。

2.5 笔记本电脑销售实战

（1）请使用网络搜索引擎查找三个有笔记本电脑导购信息的网站名称和网址，填写到表 2 - 1 中。

表 2 - 1　有笔记本电脑导购信息的网站

	网站名称	网址
1		
2		
3		

（2）请使用笔记本电脑导购网站查询条件为联想品牌，笔记本类型为超极本，硬盘类型为固态硬盘，价格在 4 000 至 4 999 元之间的笔记本电脑。查询出来后将结果网址填写到下方：

_____。

（3）请使用笔记本电脑导购网站查询联想品牌，型号为 Yoga11S - ITH（H）

的笔记本电脑，并将该电脑的产品参数填写到表 2 - 2 中：

表 2 - 2　Yoga11S - ITH（H）的产品参数

报价		厚度	
重量		CPU 型号	
屏幕尺寸		CPU 主频	
内存容量		内存类型	
显卡类型		显卡芯片	
电池类型		电池容量	

（4）请根据不同顾客的群体需求，将顾客特征与相应的笔记本电脑进行连线。

学生　　　　　　　　　　　联想笔记本

玩游戏　　　　　　　　　　惠普笔记本

上网　　　　　　　　　　　超极本

办公　　　　　　　　　　　商务本

职员　　　　　　　　　　　独立显卡笔记本

娱乐　　　　　　　　　　　上网本

女性　　　　　　　　　　　时尚丽人本

设计　　　　　　　　　　　苹果笔记本

（5）你觉得老年人购买笔记本电脑时最关心什么信息？销售员应该向他/她推销什么品牌什么类型的笔记本？请说明原因。

（6）迎接顾客。

请写出 5 句常用的接待用语到下面空白处：

①

②

③

④

⑤

（7）询问需求。

请将下列问句进行排序：

①价格相同的情况下，您更关注电脑的哪一项，功能、配置、还是外观？

②您现在用的电脑是什么配置？

③主要想用电脑来玩游戏吗？

④您需要购买其他配件吗？

⑤主要是给孩子用吗？

确认顾客需求的正确顺序应该是_____、_____、_____、

_____、_____。

（8）模拟推销。

参照上面的案例，以任意品牌笔记本电脑为主题，编写一段销售员与顾客的推销情景对话，要求情景对话内容不少于 10 句。

（9）模拟推销情景。

要求：

①每组派两名同学上台，一名扮演顾客，另一名扮演销售员，使用实物进行模拟推销；

②每组规定模拟推销时间在 2 ~ 5 分钟之间；

③除模拟推销组外其他每个组要对该小组的销售员提出至少一个相关问题，提不出问题的小组每次扣小组模拟推销分 5 分，问题可由模拟推销组任何组员回答；

④模拟推销组回答完问题后，所有小组和教师都要给予该小组一个评分，去掉一个最高和一个最低分后取平均分即为该组模拟推销分。

（10）售后服务。

下面是笔记本销售门店经常接到的各种顾客咨询或投诉，请为每个咨询或投诉写出一个最优的回答。

①顾客：这台笔记本连不上无线网，怎么办？

　　销售：

②顾客：这个文本文件用 word 打不开，你帮我看看是什么问题。

　　销售：

③顾客：这台机经常死机，太烂了，我要换一台！

　　销售：

④顾客：这台笔记本才用了 5 个月屏幕就坏了，能保修吗？

　　销售：

⑤顾客：怎么看这台机的硬件配置？

　　销售：

⑥顾客：你们老板在哪里，我要退货，今天上午在你这买的这台笔记本真的是太差劲了！

　　销售：

⑦顾客：这台机三包能包多久？

　　销售：

⑧顾客：你们送货怎么搞的，我的笔记本都刮花了！

　　销售：

⑨顾客：你们现在是什么态度啊！我要投诉！

　　销售：

学习情境三

卖办公设备

　　随着我国经济的快速发展，各类企业如雨后春笋般蓬勃发展，信息化办公已经成为当今的一个热门话题。得益于目前信息化技术的高速发展和广泛应用，以及办公室工作精细化对办公设备提出新的要求，各种性能更高、应用更广、准入门槛更低的新型办公设备产品不断投入市场，办公设备行业销售快速发展。本章将围绕办公设备销售这一工作任务，将办公设备独特的销售技巧加以详细说明，以求读者在学习本章后能顺利成为办公设备经销商的销售代表。

学习目标

1. 能运用各种资源，搜集整理待销售办公设备的相关资料；
2. 能借助电话约访，并对潜在企业用户进行上门推销；
3. 能挖掘客户需求，并制定满足客户需求且规范的办公设备采购方案或标书；
4. 能向客户进行办公设备采购方案陈述，并排除客户异议；
5. 能根据采购方案或标书要求，装配办公设备；
6. 能归档客户资料，并制定办公设备维保计划，提醒客户定期维保。

3.1 卖家需要掌握的信息

3.1.1 情景描述

小林在某技校计算机与外设维修专业毕业后应聘到一家办公设备经销商担任销售员。初到公司,销售刘经理就给小林一本厚厚的资料,里面塞满了各种品牌、型号的打印机、扫描仪、传真机、复印机的宣传单,还说:"小林,这是我们公司代理的办公设备系列,你好好看,将来面对客户做销售时,可要表现得专业一些。"看着这一大叠的产品宣传资料,小林陷入沉思,怎样才能在有限的时间内熟记这些产品的基本特征和技术性能呢?

3.1.2 相关知识

办公设备有广义和狭义之分。狭义的办公设备指主要用于办公室处理文件的设备。比如人们熟悉的打印机、扫描仪、传真机、复印机、碎纸机、投影仪、台式计算机、笔记本、考勤机、装订机等。广义概念泛指所有可以用于办公室工作的设备和器具,这些设备和器具在其他领域也被广泛应用。包括电话、程控交换机、小型服务器、计算器等。当然,现在很多办公设备经销商已经拓宽业务,不仅仅销售办公硬件设备,还将办公所需的应用软件、办公耗材,乃至网络环境配置、办公环境装修纳入为办公室整体解决方案。篇幅有限,本章主要围绕狭义的办公设备硬件部分,搭配办公耗材销售来阐述。

3.1.2.1 打印机

打印机是办公设备中的文件打印设备,可以将计算机中的报表、票据、图像等人所能识别的数字、字母、符号和图形形式,依照规定格式打印在相关介质上。

打印机的种类很多,按工作方式可分为针式打印机、喷墨打印机、激光打印机。

1. 针式打印机

针式打印机是依靠打印针击打色带在打印介质上形成色点的组合来实现规定字符和图像。针式打印机在打印机历史的很长一段时间上曾经占有重要的地位，后因打印精度低、噪音大、速度慢、很难实现彩色打印等固有弱点，在竞争中逐渐失去了大部分市场份额，但超低的使用费用、多页拷贝等特点，使针式打印机在银行存折打印、财务发票打印等专业领域仍占据着主导地位。

（1）针式打印机的分类。随着打印专用化和专业化需要的发展，针式打印机进一步细分为"微型针式打印机"、"通用针式打印机"、"票据针式打印机"、"行式针式打印机"等几种。下面就请上网搜索下表中各种型号的打印机，找出它们分别归属哪种针式打印机，有何特点，适用于什么行业。

【练一练】
请上网搜集以下型号针式打印机的相关信息，填写表 3 - 1。

表 3 - 1　针式打印机的类型

打印机型号	类型	特点	适用行业
 映美 MP - 220D			

打印机型号	类型	特点	适用行业
Epson LQ – 730K			
Epson PLQ – 20K			
PRINTRONIX　P7208H			

（2）针式打印机的结构。针式打印机主要由"成像系统"、"输纸传送系统"和"电路系统"三大部分组成。其中，"成像系统"包括字车机构、针式打印头、色带驱动机构，通过字车机构带动打印头和色带做移动，打印头的多个针头击打色带和纸张，使色带上的颜色印在纸张上，留下点阵颜色。

"输纸传送系统"包括输纸驱动电动机、齿轮组、托纸器、纸尽传感器、压纸辊、搓纸辊等，带动打印纸进入打印机中，使纸张移动方向与打印头移动方向保持垂直，并与字车机构保持同步。

"电路系统"则包括控制电路、电源电路和操作显示电路，主要协调成像系统和输纸传送系统的工作。

（3）针式打印机的主要技术指标有：

打印针数：针式打印机的打印头上的打印针数量，有 9 针、16 针、24 针、228 针等规格。最常见的产品打印针数为 24 针。打印针的数量直接决定了产品打印的效果和打印的速度。行式针式打印机的打印头可以高达 288 针，极大地提高了打印速度。

打印针寿命：即打印针进行多少次撞击后才会报废的数值，它的单位是"次击打/针"。目前的产品打印针寿命普遍能够达到两亿次击打/针，有的甚至可以达到 5 亿次击打/针。不过，打印头上的每根打印针使用的频度不是完全一样，报废的时间也不一样。同时，"亿次击打/针"只是一个约数，实际中用户是无法进行检测和计算的，因此在销售时可建议消费者关注打印头的免费保修时间。

打印宽度：针式打印机能够支持打印的最大宽度，它采用日常的长度单位毫米来标识。目前通用打印机的该项指标一般为 9 英寸（窄行）和 13.6 英寸（宽行）。

打印速度：在单位时间内能够打印的"字符数"或者是"行数"，单位是"字/秒"，或"行/分"来标识。

打印分辨率：分辨率的单位是 DPI（Dot Per Inch），即每英寸（1 英寸 = 2.54 厘米）可以表现出多少个点。它直接关系到产品输出的文字和图像的质量好坏。最高分辨率指的是产品最高能够实现的分辨率。目前较为主流的针式打印机的最高分辨率一般在 180 dpi 至 360 dpi。但是也有一些产品的最高分辨率可以达到 600 dpi，如 OKI 5630SC。

色带寿命：针式打印机的色带能够支持正常的打印出的标准字符数（指 48 点/字符，如果是大字的话数量则相应减少），一般用"万字符数"表示。虽然色带过了使用寿命也可以打印，表面上看就是淡一些而已，但实际上超过使用寿命的色带由于摩擦过度的原因，表面会起毛，将造成打印机的挂针和折断，严重影响到打印针的寿命。因此，色带到达使用期限后一定要及时更换。

打印方向：主要有单向逻辑和双向逻辑两种。单向逻辑指的是打印机的打印头只能在实行单向运动的过程中进行打印。双向逻辑指的是打印机的打印头在来回两个方向运动的过程中都能够进行打印。显然，双向逻辑打印方向的产品在打印速度上更快。

供纸方式：即针式打印机以何种方式来获得打印所需要的纸。根据针式打印机供纸方式，分为两大类：使用齿轮拖拉的方式供应连续纸和通过摩擦原理供应单页纸。目前绝大多数的针式打印机都同时具备这两种供纸方式。

在描述供纸方式时根据连续纸和单页纸的进纸位置加以描述，比如前部、后部、底部。

纸张厚度：针式打印机能够支持，并且打印的最大的纸张厚度，它的单位为毫米。它反映出打印头的击打能力，这项指标对于需要复写拷贝的用途很重要，一般用"正本＋复写份数"来表示。

接口类型：接口类型指的是针式打印机与电脑系统采用何种方式进行连接。目前票据打印机常见的有并口（也有称之为 IEEE 1284，Centronics）、串口（也有称之为 RS－232 接口的）和 USB 接口。

【练一练】

试填写表 3－2 中三款型号针式打印机的技术参数，比较出哪款针式打印机性能最好。

表 3－2　比较针式打印机性能

型号	富士通 DPK 300	爱普生 LQ 590K	明基 SK 630
打印针数			
打印针寿命			
打印宽度			
打印速度			
打印分辨率			
色带寿命			
打印方向			
供纸方式			
纸张厚度			
接口类型			
结论			

2. 喷墨打印机

喷墨打印机是打印头上的喷口将墨滴按特定的方式喷到打印介质上形成文字或图像的打印机。喷墨打印机具有打印质量好、噪音低、较易实现低成本彩色打印等优点，并且随着喷墨技术的成熟，喷墨打印机成本也在不断降低，这使喷墨打印机成为重要的一类打印设备。尤其在家用打印机领域，入门级喷墨打印机几乎处于一枝独秀的地位。

（1）喷墨打印机的分类。喷墨打印机按采用技术主要分为两种：连续式喷墨技术与随机式喷墨技术。随机式喷墨技术又分为微压电式和热气泡式两大类。

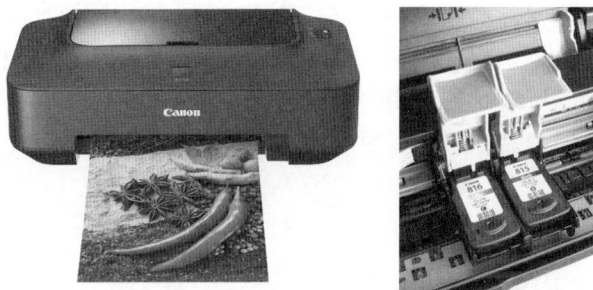

早期的喷墨打印机以及当前大幅面的喷墨打印机都是采用连续式喷墨技术。这种喷墨打印原理是利用压电驱动装置对喷头中墨水施加固定压力，使其连续喷射。为进行记录，利用振荡器的振动信号激励射流生成墨水滴，并对其墨水滴大小和间距进行控制。由字符发生器、模拟调制器发出打印信息对控制电报上电荷进行控制，形成带电荷和不带电荷的墨水滴；再由偏转电极来改变墨水滴的飞行方向，使需要打印的墨水滴飞行到纸面上，生成字符或图形记录。不参与记录的墨水滴由导管回收。这种连续循环的喷墨系统能生成高速墨水滴，所以打印速度高，还可以使用普通纸。不同的打印介质皆可获得高质量的打印结果，还易于实现彩色打印。但是，这种喷墨打印机的结构与随机式相比较为复杂：墨水需要加压装置，终端要有回收装置回收不参与记录的墨水滴，并且工作方式的效率不够高、不精确。因此，采用这种技术的喷墨打印机已经极少见到。

当前普遍采用的随机喷墨技术只在打印需要时才喷射，因此又称为按需式。它与连续式相比，结构简单、成本低、可靠性也高。但是，受射流惯性的影响墨滴喷射速度低。为了弥补这个缺点，不少随机式喷墨打印机采用了多喷嘴的方法来提高打印速度。

微压电喷墨技术是将许多小的压电陶瓷放置到喷墨打印机的打印头喷嘴附近，利用它在电压作用下会发生形变的原理，适时地把电压加到它的上面，压电陶瓷随之产生伸缩挤压喷头中的墨水，使喷嘴中的墨汁喷出，在输出介质表面形成图案。用微压电喷墨技术制作的喷墨打印头成本比较高，为了降低用户的使用成本，一般都将打印喷头和墨盒做成分离的结构，更换墨水时不必更换打印头。压电式的代表厂商是 Epson。

气泡式喷墨技术又称为电热式喷墨技术，是在喷头的管壁设置了加热电极，将短脉冲电流作用于加热器件上，在加热器上产生蒸汽，形成很小的气泡，气泡受热膨胀形成较大的压力，压迫墨滴喷出喷嘴，喷到纸上墨滴的多少可通过改变加热元件的温度来控制，从而达到打印图像的目的。气泡式喷墨技术制作的喷头工艺比较成熟，成本也很低廉，但由于喷头中的电极始终受到电解和腐蚀，所以对其使用寿命会有不少影响。因此采用这种技术的打印喷头通常都与墨盒做在一起，更换墨盒时即同时更新打印头。气泡式的代表厂商是 Canon、HP、Lexmark。

【练一练】

试比较微压电喷墨技术和气泡式喷墨技术各自的优缺点，填写到表 3-3 中。

表 3-3　比较微压电喷墨技术及气泡式喷墨技术

	微压电喷墨技术	气泡式喷墨技术
优点		
缺点		

目前喷墨打印机产品定位已经划分得十分清晰，以满足不同用户的需求。按照使用用途可分为普通喷墨打印机、数码照片打印机、便携式喷墨打印机、喷绘机等。

【练一练】

试为下列用户推荐合适的喷墨打印机，并用直线将用户和所推荐的喷墨打印机类型连接起来。

小陈，保险行业人士，经常需要外出见客户，希望在见客户时能立即打印保险合同及收据。

普通喷墨打印机

小李，单反爱拍客，每当拍下一张满意的照片，就会迫不及待地想把它打印出来，拿在手中和朋友分享。

数码照片打印机

小张，广告公司职员，从事专业数码打样、工程绘图、海报输出等工作。

便携式喷墨打印机

小王，办公文员，只需要打印日常办公文档，希望快速打印同时降低打印成本。

喷绘机

（2）喷墨打印机的结构与针式打印机的结构相似，喷墨打印机的结构组成也有"成像系统"、"输纸传送系统"和"电路系统"三大部分。其区别在于喷墨打印机中的"成像系统"，墨水以液态形式存放于墨盒中，取代针式打印机中的打印针，墨水通过一列微小的喷嘴从喷墨头中均匀地喷出，并规则地附着在打印纸上。

【想一想】
专业级别的数码照片喷墨打印机怎样打出色彩丰富的数码照片的？

（3）喷墨打印机的主要技术指标有：
打印技术：也称为打印方式，一般是指打印头采用的微压电技术或热气泡技术。

打印幅面：也称为打印宽度，用打印机所能打印的最大规格来标识，如A4、A3，一般将超过A3幅面的喷墨打印机称为喷绘机。

喷嘴数量：每个打印头上的墨水喷口数量。它直接决定了产品打印的效果和打印的速度。就同一台打印机而言，一般情况下，黑色打印头的喷嘴数量要大于彩色打印头的喷嘴数量。

墨滴大小：指打印头喷嘴能喷出的最小墨滴的大小，一般用PL（微升）来表示，墨滴越小打印质量越好，画质更细腻。

打印速度：喷墨打印机是用ppm（页/分）表示的。数值越大表示打印机的速度越快。打印速度会根据电脑系统配置，文件大小、接口、软件、文档复杂程度、打印模式、页面覆盖率、使用纸张类型不同而有所变化。一般宣传时都会指明黑白或彩色在什么模式下的打印速度。使用最大分辨率和照片纸打印照片时打印速度最慢。

打印分辨率：分辨率的单位是DPI（Dot Per Inch），指每英寸可以表现出多少个点，它直接关系到产品输出的文字和图像的质量好坏。最高分辨率（物理分辨率）指的是产品最高能够实现的分辨率。喷墨打印机水平分辨率和垂直分辨率可能是不相同的，目前绝大多数喷墨打印机最大水平分辨率都大于垂直分辨率。

耗材寿命：也叫打印量，用"页"表示。它是指墨盒从开封到墨水用尽时所能打印的页数，各厂商的标称值使用特定测试模板，在特定环境、特定模式下取得的。在实际使用中影响打印量的因素很多，会根据打印的文本或照片、使用的应用软件、打印模式、使用纸张类型、机器使用的频繁程度和温度不同而有所变化。

打印方向：与针式打印机一致，也有单向和双向逻辑两种。很显然，具有双向逻辑打印方向的产品在打印速度上更快，但双向打印的打印精度要低于单向打印，一般在草稿模式或经济模式中使用。

【新技术】

你知道"墨仓式打印机"吗？

【练一练】

试填写表3-4中三款型号喷墨打印机的技术参数，比较出哪款喷墨印机性能最好。

表 3 – 4 比较喷墨打印机性能

型号	爱普生 ME35	佳能 PIXMA iP1188	惠普 Deskjet 1510
打印技术			
打印幅面			
喷嘴数量			
墨滴大小			
打印速度			
打印分辨率			
耗材寿命			
打印方向			
结论			

3. 激光打印机

激光打印机采用了电子成像技术，激光束扫描感光鼓，先将墨粉吸附到感光区域，再将墨粉转印到打印介质上，最后通过加热装置将墨粉熔化固定到打印介质上。与其他打印机相比，激光打印机具有打印速度快、成像质量高、噪音小、使用成本低，打印负荷量大等优势，处于办公室打印设备的主流地位。

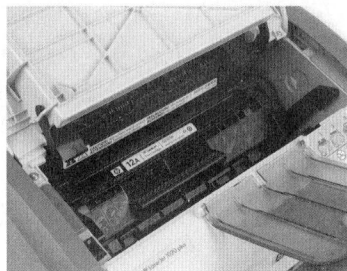

（1）激光打印机的分类方法很多，可以从打印速度、打印幅面、色彩等方面来划分。

从打印速度上可以划分为低速、中速、高速三大类。

低速激光打印机：打印速度在 30 ppm 以下，主要用于个人桌面办公和中低端网络打印。

中速激光打印机：打印速度在 40 至 120 ppm，主要用于部门办公和商务速印系统。

高速激光打印机：打印速度在 130 至 300 ppm，主要用于小批量印刷、银行、保险公司账单打印等生产型领域。

从打印幅面上可以分为 A4、A3、A1、A0 等，一般将 A3 以上幅面称为工程机。

从色彩上可以分为黑白、彩色两类。

（2）激光打印机是光、机、电一体化的精密设备，其组成也有"成像系统"、"输纸传送系统"和"电路系统"三大部分，只是结构比较复杂。

"成像系统"主要由激光组件、显影组件和定影组件组成。当送入打印机的数据信号转换为激光驱动信号后，驱动激光组件在感光鼓上扫描，被扫描到的部分电荷消失，形成静电潜像，并将带电的墨粉颗粒吸附到感光区域（静电潜像区域），形成可见的墨粉图像，然后将感光鼓上的墨粉图像转印到纸张上，通过加热加压将墨粉融化固定在纸张上，输出打印完成的稿件，最后清除感光鼓表面的残余墨粉和电荷。

"输纸传送系统"带动打印纸进入打印机中，并保持与激光组件、显影组件、定影组件同步工作，使纸张依次进行转印、定影等操作，再从打印机中输出。

"电路系统"主要包括控制电路、接口电路、电源电路和操作显示电路，负责协调和控制成像系统和输纸传送系统的工作。

（3）激光打印机的主要技术指标有：

打印幅面：也称为打印宽度，用所能打印的最大纸张规格来标识，如 A4、A3，一般将超过 A3 幅面的激光打印机称为工程机。

打印速度：激光打印机是用 ppm（页/分）来表示的，数值越大打印速度越快。

打印分辨率：分辨率的单位是 DPI（Dot Per Inch），即指每英寸可以表现出多少个点，它直接关系到产品输出的文字和图像的质量好坏。最高分辨率指的是产品最高能够实现的分辨率。

首页打印时间：英文称为 First Print Out Time，简称为 FPOT。首页打印指的是在打印机接受执行打印命令后，打印输出第一页内容的时间。一般来讲，激光打印机在 15 秒内都可以完成首页的打印工作，测试的基准为 300 dpi 的打印分辨率，A4 打印幅面，5% 的打印覆盖率，黑白打印。此项指标与热熔器的性能相关，传统的热熔器需要不停地启动关闭来维持适当的温度以便为下一个打印工作做准备，在节电方式下打印作业之前需要预热约 35 秒，而瞬时热熔器无须预热，极大缩短首页打印时间。而效率提高的同时，也能够实现能源和成本的节约。

打印能力：指的是打印机所能负担的最高的打印限度，一般设定为每月最多打印多少页。如果经常超过最大打印数量，打印机的使用寿命会大大缩短。

耗材类型：硒鼓是激光打印机"成像系统"中最核心的部件。按结构可以分为一体化硒鼓、二体化硒鼓和三体化硒鼓三类。一体化硒鼓的光导鼓（感光鼓）、磁鼓（显影辊）以及墨粉盒为一体，这种硒鼓在设计结构上不允许用户添加墨粉。二体化硒鼓一部分为光导鼓，另一部分为磁鼓与墨粉盒，用户用完墨粉后，只要更换磁鼓与墨粉盒部件，而不用更换光导鼓。三体化硒鼓分为三个独立的部分：光导鼓、磁鼓、墨粉盒，用户用完墨粉后只要更换墨粉盒就可继续使用。

【练一练】

试填写表 3–5 中惠普 LaserJet 1020 及其升级版惠普 LaserJet 1020 plus 两款经典畅销激光打印机的技术参数，比较出升级版的打印机在性能及技术方面有何改进。

表 3–5　比较两款激光打印机的性能

型号	惠普 LaserJet 1020	惠普 LaserJet 1020 plus
打印分辨率		
打印速度		
打印能力		
首页打印时间		
进纸方式		
打印幅面		
耗材类型		
综合评价		

3.1.2.2　扫描仪

扫描仪是一种计算机外部设备，通过它可以捕获图像并通过计算机显示、编辑、储存和输出。

1. 扫描仪的类型

扫描仪的种类繁多，按不同标准可分成不同类型。按扫描原理可将扫描仪分为以光电耦合器（CCD）为核心的平板式扫描仪、以接触式图像传感器（CIS）为核心的手持式扫描仪和以光电倍增管（PMT）为核心的滚筒式扫描仪。

（1）平面扫描仪。也称台式扫描仪，大多数采用CCD（电荷耦合器件）技术，凭借其价格低、体积小的优点得到了广泛应用，成为家庭及办公使用的主流产品。

采用此技术的扫描仪对图像画面进行扫描时，线性CCD将扫描图像分割成每条约为10 μm的线。光源将光线照射到待扫的图像原稿上，产生反射光（不透明文件所产生的）或透射光（幻灯片或底片所产生的），然后经反光镜组反射到线性CCD中。CCD图像传感器根据反射光线强弱的不同转换成不同大小的电流，经模数（A/D）转换器处理，将电信号转换成数字信号，即产生一条线的图像数据。同时，机械传动机构在控制电路的控制下，步进电机旋转带动驱动皮带，从而驱动光学系统和CCD扫描装置在传动导轨上与待扫描原稿做相对平行移动，将待扫描图像原稿一条线、一条线地扫入，最终完成全部原稿图像的扫描。

除了平面扫描仪外，还有一种叫胶片扫描仪的专业扫描仪采用CCD传感器技术。当然，胶片扫描仪装备了比平面扫描仪灵敏度更高的传感器，具有更高的分辨率，专门用于直接扫描胶片，减少了图像从胶片到普通照片之间的画质损失，因此获取图像的层次感与色调都比平面扫描仪好。

（2）手持式扫描仪。手持式扫描仪较多采用CIS技术。此类产品的组装简单、成本低、扫描速度高、便携。但是扫描幅面太窄，扫描时对手推原稿的动作要求较高，扫描效果也较差等原因，一般在超市中使用。

不过随着技术的发展，CIS扫描仪光源无须预热，可以随时开机扫描，加之生产流程简化、抗震、易于运输、故障率低且易于维修等特点使它非常适合开发为便携式扫描仪，如笔式扫描仪、名片扫描仪等。便携式扫描仪利用数码相机与摄像头的原理，将图片高速拍摄进电脑或者内置的存储卡

中，然后通过软件的处理达到的扫描效果完全等同于普通扫描仪，还可以设置保存文件的格式。

CIS 扫描仪工作时是利用 LED 发光二极管阵列作为光源发出的光经扫描原稿反射后由 CIS 感光器件直接接收而成像，其本身足以完成成像任务，不需要镜片和透镜的参与。成像后的光信号同样需要经过模数（A/D）转换器处理，转换为数字信号，在机械传动装置配合下完成扫描工作。

（3）滚筒式扫描仪。滚筒式扫描仪一般使用光电倍增管（PMT）作为光电转换元件。在各种感光器件中，光电倍增管是性能最好的一种，无论在灵敏度、噪声系数还是动态范围上都遥遥领先于其他感光器件。而且它的输出信号在相当大范围内保持着高度的线性输出，使输出信号几乎不用做任何修正就可以获得准确的色彩还原，能够分辨出图像更细微的层次变化。但是这种扫描仪的成本极高，广泛用在专业印刷排版领域中。

滚筒式扫描仪扫描图像时，将要扫描的原稿贴附在透明滚筒上，滚筒在步进电机的驱动下，高速旋转形成高速旋转柱面。同时，高强度的点光源光线从透明滚筒内部照射出来，投射到原稿上逐点对原稿进行扫描，并将透射和反射光线经由透镜、反射镜、半透明反射镜、红绿蓝滤色片所构成的光路将光线引导到光电倍增管进行放大，然后进行模/数转换进而获得每个扫描像素点的红（R）、绿（G）、蓝（B）三基色的分色颜色值。这时，光信息被转换为数字信息传送，并存储在计算机上，完成扫描任务。滚筒式扫描仪的特点是一个像素、一个像素地输入光信号，信号采集精度很高，且扫描图像的信息还原性很好。

2. 扫描仪的主要技术参数

（1）分辨率。分辨率是扫描仪最主要的技术指标，它表示扫描仪对图像细节上的表现能力，决定了扫描仪所记录图像的细致度，其单位为 DPI（Dots Per Inch）。通常用每英寸长度上扫描图像所含有像素点的个数来表示。目前大多数扫描仪的分辨率在 300 至 2 400 dpi 之间。dpi 数值越大，扫描的分辨率越高，但扫描图像的品质是有限度的。

【练一练】

表 3-6 是佳能 CanoScan LiDE110 型号时尚照片扫描仪的官网参数，请问当中光学分辨率 2 400×4 800 dpi 是什么意思？光学分辨率和插值分辨率又有

什么不同?

表 3 - 6　佳能 CanoScan LiDE110 型号时尚照片扫描仪部分参数

扫描类型	平板式
扫描元件	CIS（接触式图像传感器）
光源	三线彩色 LED
光学分辨率 ×1	2 400 × 4 800 dpi
插值分辨率	25 ~ 19 200 dpi

（2）灰度级。灰度级表示图像的亮度层次范围，也就是扫描仪扫描时由暗到亮的扫描范围大小。级数越多，扫描仪图像亮度范围越大、层次越丰富，目前多数扫描仪的灰度为 256 级。

（3）色彩位数。又称为色彩深度，表示彩色扫描仪所能产生颜色的范围，用 bit 表示。色彩位数越高，能表现的色彩种类就越多，色彩就越好、越自然。常见的色彩位数一般有 24bit、36bit。

（4）扫描速度。扫描速度可分为预扫速度和扫描速度，有多种表示方法。扫描速度与分辨率，内存容量，软盘存取速度以及显示时间，图像大小有关，通常用指定的分辨率和图像尺寸下的扫描时间来表示。如佳能 CanoScan LiDE110 型号时尚照片扫描仪的扫描速度就表示为彩色 A4 300 dpi 约 16 秒。

（5）扫描幅面。表示扫描图稿尺寸的大小，常见的有 A4、A3、A0 幅面等。

（6）感光元件。扫描仪采用何种感光元件对扫描仪的性能影响也很大。扫描仪的核心部件是完成光电转换的扫描元件，也称为感光器件。目前市场上扫描仪所使用的感光器件有四种：电荷耦合元件 CCD（硅氧化物隔离 CCD 和半导体隔离 CCD）、接触式感光器件 CIS、光电倍增管 PMT 和互补金属氧化物半导体器件 CMOS。

光电倍增管实际上是一种电子管，一般只用在昂贵的专业滚筒式扫描仪上。CCD 是目前应用最广泛的感光元件。CIS 技术最大的优势在于生产成本低，仅有 CCD 的 1/3 左右，因此，在一些低端扫描仪产品中得到广泛应用。

但如果仅从性能考虑，CIS 存在明显的先天不足。由于不能使用镜头，CIS 只能贴近稿件扫描，实际清晰度与标称指标尚有一定差距。而且没有景深，因而无法对立体物体进行扫描。

（7）接口。扫描仪常用接口包括并口（EPP）、SCSI、IEEE 1394 和 USB

终端产品销售轻松入门

接口。USB 接口是最常见的接口，易于安装，支持热插拔。目前的家用扫描仪以 USB 接口居多。SCSI 接口的扫描仪安装时需要 SCSI 卡的支持，成本较高，但性能最好。采用 IEEE 1394 接口的扫描仪的价格比使用 USB 接口的扫描仪高许多。IEEE 1394 也支持外设热插拔，可为外设提供电源，省去了外设自带的电源，能连接多个不同设备，支持数据同步传输。

【练一练】

作为佳能品牌办公设备经销商，你能认出它们吗？请将型号及主要参数填写在表 3 - 7 中。

表 3 - 7   佳能品牌系列时尚照片扫描仪

产品图片	型号及主要参数

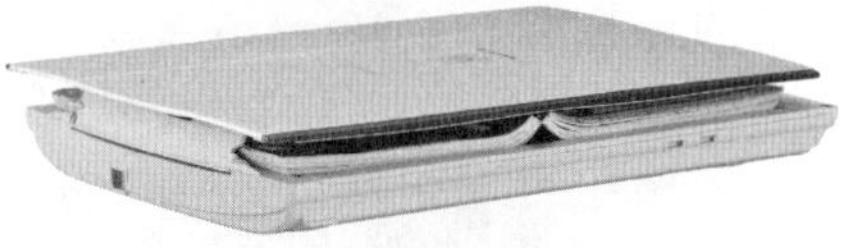	

3.1.2.3   传真机

传真是一种传输静态图像的通信手段。它通过通信线路，把诸如文字、图像、照片、手迹的纸页式静止图像信息从一个地方传输到另一个地方，并记录到特定的传真机用纸上，从而得到与原稿件完全一样的复制品。因此，传真机是用来进行传真通信的终端设备，传真也可视为远距离的复印。

1. 传真机的分类

（1）按传真技术划分。根据国际电报电话咨询委员会（CCITT）建议，将目前已应用与开发的文件传真机分为四类：一类机（G1）、二类机（G2）、三类机（G3）与四类机（G4）。

一类机（G1）采用双边带调制技术，其发送信号不采取任何频带压缩措施，能在 6 分钟内传送一页标准 A4 幅面文件的传真设备。

二类机（G2）采用频带压缩技术，能在 3 分钟内传送一页标准 A4 幅面文件的传真设备。

三类机（G3）在调制处理前采取措施，以减少报文信号中的信息冗余度，能在 1 分钟内传送一页标准 A4 幅面文件的传真设备。

四类机（G4）对发送前的报文信号采取了减少信息冗余度措施，主要用于公共数据网（PDN）。此类设备是适用于公共数据网的通信规程，并保证文件的无差错接收。它能以 64Kbit/s 的数据信号速率，在 15 秒内传送一页标准 A4 幅面文件的传真设备。

（2）按传真机打印方式划分。不同类型的传真机在接收到信号后的打印方式是不同的，他们的工作原理的区别也体现在这些方面。现在市场上主要有以下几种传真机：热敏纸传真机、碳带传真机、喷墨传真机和激光传真机。

热敏纸传真机通过热敏打印头将打印介质上的热敏材料熔化变色，生成所需文字和图形。它具有价格便宜、操作简单、稿件字迹轮廓分明、图文反差良好的优点，但时间过长打印纸会逐渐变黄，字迹变浅，不宜长期保存，功能也相对单一。

碳带传真机采用从热敏技术发展而来的热转印技术，它通过加热转印色带，使涂敷于色带上的墨转印到纸上形成图像。它可以直接打印在普通的纸张上，但耗材量较高，不支持彩色传真。

喷墨式传真机的打印头在打印信号的驱动下，通过强磁场加速形成高速墨水并喷射在纸张上，实现文字和图形的打印。这种方法传送的稿件图像清晰，而且不会褪色。

激光传真机采用了激光打印技术，利用碳粉附着在纸上而成像，其性能稳定，打印质量很高。除此之外，激光传真机还可以作为一台单页文件复印机使用。由于它将传真机和激光打印机合二为一，所以体积较大，适用于企事业单位。

2. 传真机的结构

传真机的内部主要由文件输送系统、成像系统、主控制板、网络板和记录系统五大部分构成。其中文件输送系统、主控制板、网络板是三种传真机共有的部分，但由于传真记录方式不同，三种传真机的成像系统和记录系统结构组成也不尽相同。热敏传真机主要由热敏打印头和热敏纸组成，喷墨传真机主要由喷墨打印头和字车机构组成，而激光传真机主要由激光组件、显影组件和定影组件构成。

传真机的工作原理很简单，类似扫描仪和打印机的组合，即像扫描仪一样，利用感光元件将需要传真的静态图像分解成许多微小元素影像，并送到主控制板的影像处理器做影像处理。数据处理器负责对影像资料依照规范在传送之前压缩编码，调制解调器负责将影像数码信号在传送前调制成规范所要求的模拟声频信号，然后通过传统电话线进行传送。对方传真机接收信号后，调制解调器将接收到的模拟声频信号解调为影像数码信号，数据处理器将影像数码信号扩展复原为初始图像信号，最后通过热敏、喷墨、激光等记录组件打印出来。这样，接收方就会收到一份原文件的复印件。

3. 传真机的主要技术参数

兼容性。G1、G2、G3、G4 表示不同的组别，数字越高越好，高组别的可兼容低组别的传真机。现在一般传真机均为 G3。

扫描方式。主要有 CCD 及 CIS。CCD 为光电耦合传感器属模拟式，CIS 接触式图像传感器，属数字式。当对含有图像的稿件进行复印或发送时，CCD 扫描方式优于 CIS 扫描方式，得到的图像更加清晰，层次更加丰富。

打印方式。指传真机接收文稿时所采用的打印方式。现在流行的传真机有热敏记录、热转印记录、激光记录、喷墨记录等方式。

用纸类型。传真机用纸按照传真机的工作原理分为热敏纸和普通纸两类。

打印宽度。即传真用纸的幅面，分为 A4、B4、A3 等几种。

分辨率。DPI 即每平方英寸的点数。

图像处理系统。如 UHQ 为一种中间色过渡方式，可保证图片传输效果更好。

调制解调器速度。指的是联结两个调制解调器之间的电话线（或专线）上数据的传输速率，单位是 bit/s（bps）。调制解调器速度越高，文件在传真设备之间传输所需的时间就越短，所花费的电信费用也就越低。现在低档传真机的调制解调器速度为 9 600 比特/秒，高档传真机的调制解调器的最高速度已达到 33 600 比特/秒。

传送速度。是指传真发送一项标准 A4 尺寸的稿件所需要的时间，通常分为 23 秒、18 秒、15 秒、9 秒和 6 秒等几种。通常在 6 秒至 45 秒之间，9 秒以下的即属于高档传真机。

【查一查】

传真机除了上面一些技术指标外，还会常见一些专业术语，请你上网搜索相关内容，填入表 3-8 中。

表 3-8　传真机的专业术语

专业术语	定义
无纸接收	
自动传真	
电脑传真	
快速拨号	
电话/传真切换	
电话录音	
多址发送	
报告/参考系统	
停电通话	
静音接收	
免提通话	
预约发送	
自动进稿	
自动切纸	
自动展平	
自动重拨	

3.1.2.4 复印机

复印机是办公室中比较常用的 IT 设备，它是一种将文书等倍放大或缩小后复制的设备。

1. 复印机的分类

从工作原理看，复印机分为模拟复印机和数码复印机。

（1）模拟复印机。模拟复印机是通过曝光、扫描将原稿的光学模拟图像通过光学系统直接投射到已充电的感光鼓上产生静电潜像，再经过显影、转印、定影等步骤，完成复印过程的复印机产品。由于诞生和应用的时间长，因此技术较为成熟，性能也比较稳定，价格也有一定的优势。

采用间接法静电成像技术的模拟复印机工作步骤如下：

第一步，充电。让在黑暗中的感光鼓处在某一极性的电场中，使感光鼓表面均匀地带上一定极性和数量的静电荷，具有表面电位的过程。

第二步，曝光。利用感光鼓在黑暗处时电阻大，相当于绝缘体，而在明亮处时电阻小，相当于导体的特征，对表面已均匀充电的感光鼓进行曝光，使光照区（原稿白色部分）表面电荷因放电而消失，无光照的区域（线条或墨迹部分）电荷依然保持，从而在感光鼓上形成表面电位随图像明暗变化而起伏的静电潜像的过程。

第三步，显影。用带电的墨粉使感光鼓上的静电潜像转变成可见的墨粉图像的过程。利用显影墨粉所带电荷的极性与感光鼓表面静电潜像的电荷极性相反，异性相吸之下，将显影墨粉吸附到感光鼓的静电潜像部位。静电潜像电位越高的部分，吸附墨粉的能力越强；静电潜像电位越低的部分，吸附墨粉的能力越弱，这样静电潜像就变成了可见的与原稿浓度一致的墨粉图像。

第四步，转印。将感光鼓表面的墨粉图像转移到复印介质（复印纸）上的过程。转印电晕的电场力比感光鼓吸附墨粉的电场力强。因此，在静电的吸引力作用下，感光鼓上的墨粉图像就被吸附到复印纸上，从而完成图像的转印。.

第五步，分离。即将复印纸与感光鼓分开的过程。

第六步，定影。采用加热和加压相结合的方式把复印纸上的不稳定、可抹掉的墨粉图像固着在纸上的过程。

第七步，清洁。转印后，采用刮板、毛刷或清洁辊等装置对感光鼓表面残留墨粉进行清除，并将废粉回收到废粉仓中。

第八步，消电。指消除感光鼓表面残余电荷的过程。

（2）数码复印机。数码复印机又叫数字复印机。它通过激光扫描、数码化图像处理技术而成像。它既是一台复印设备，又可作为输入/输出设备与计算机及其他办公自动化（OA）设备联机使用，或成为网络的终端。随着人类社会信息时代的到来，数码复印机将以其输出的高生产力、卓越的图像质量、功能的多样化（复印、传真、网络打印等）、高可靠性及可升级的设计系统，成为复印设备的主导产品。

数码复印机的工作过程首先是通过 CCD（电荷耦合器件）传感器对通过曝光、扫描产生的原稿的光学模拟图像信号进行光电转换，随后将经过数字技术处理的图像信号输入到激光调制器。调制后的激光束对被充电的感光鼓进行扫描，在感光鼓上产生由点组成的静电潜像，再经过显影、转印、定影等步骤，完成复印过程。

由于数码复印机采用了先进的数码技术，所有原稿经数码一次性扫描存入复印机存储器中，使其可以进行复杂的图文编辑，大大提高了复印机的工作效率和复印质量，降低了复印机的故障发生的概率。数码复印机与模拟复印机相比，其主要优点主要有以下几点：

数码复印机只需对原稿进行一次性扫描，存入复印机存储器中，即可随时复印所需的份数。它与模拟复印机相比，减少了扫描的次数，也就减少了扫描器产生的磨损及噪音，同时减少了卡纸的状况。

由于传统的模拟复印机是通过光反射原理成像，因此会有一些物理性偏差，造成图像与文字不能同时清晰地表达。数码复印机就具有图像和文字分离识别功能，在处理图像与文字混合的文稿时，复印机能以不同的处理方式进行复印，文字可以鲜明地复印出来，照片则以细腻的层次变化的方式复印出来。数码复印机还支持文稿、图片/文稿、图片、复印稿、低密度稿、浅色稿等多种模式，多达 256 级的灰色浓度让复印件看上去干净整洁。

数码复印机很容易实现电子分页，并且一次复印后的分页数量远远大于模拟复印机加分页器所能达到的份数。

数码复印机是采用数码处理，能提供强大的图像编辑功能，例如：自动缩放、单向缩放、自动启动、双面复印、组合复印、重叠复印、图像旋转、黑白反转、25% 至 400% 缩放倍率等多种编辑效果。

采用先进的环保系统设计，使数码复印机无废粉、低臭氧、自动关机节能，图像自动旋转，减少废纸的产生。

配备传真组件，就能升级成为 A3 幅面的高速激光传真机，直接传送书本、杂志、钉装文件，甚至可以直接传送三维稿件。配备打印组件，就能升级成为 A3 幅面的高速双面激光打印机。安装网络打印卡并连接于局域网后便可作为高速网络打印机，实行网络打印。

2. 复印机的主要技术参数

（1）预热时间。复印机在进行复印时首先需要对感光材料进行充电，利用电晕放电的方法使感光材料的表面带上一定数量的静电电荷，从而能够进行正常的复印工作。该过程所花费的时间称为预热时间。预热时间主要与产品电子部件的多少和电路的复杂性及所处的室温有关，因此，冬天与夏天所需要的预热时间是不同的。

（2）首张复印时间。在复印机完成预热处于待机状态下，用户从按下"开始键"按钮向复印机发出复印指令到复印机输出第一张复印稿所花费的时间就是首张复印时间。首张复印时间对于复印量较小，同一复印原稿每次复印张数较少的用户尤为重要。

（3）复印速度。复印速度指复印机每分钟能够复印的张数，单位为张/分。由于复印机预热需要时间，首张复印也需要花费较长时间，因此复印速度在计数时一般应该从第二张开始。复印速度与复印装置的运行速度、成像原理、定影系统有直接关系。

（4）连续复印。连续复印是对同一复印原稿，不需要进行多次设置，复印机可以一次连续完成的复印最大数量。表示方法：1 至 x 张，x 代表该款产品连续复印的最大能力。连续复印因为可以避免对同一复印原稿的重复设置，节省了每次作为首页复印而多花费的时间，因此对于多份复印是很重要的。

（5）复印比例（复印倍率）。复印比例指的是复印机能够对复印原稿进行放大和缩小的比例范围。表示方法为百分比，如：50% 至 200% 使用放大功能时会受到最大复印尺寸的限制，如最大复印尺寸是 A3 幅面，而复印原稿也是 A3 幅面，就无法再进行放大了。

（6）最大复印尺寸。最大复印尺寸指复印机可以复印输出的最大的尺寸。一般来说，产品的最大复印尺寸是大于或等于最大原稿尺寸的。

（7）感光材料。感光材料是一种具有光敏特性的半导体材料，因此又称为光导材料或光敏半导体。目前复印机上常用的感光材料包括：有机感光鼓（OPC）、无定形硅感光鼓、陶瓷感光鼓、硫化镉感光鼓、硒感光鼓等。其中，OPC 使用范围最广。感光材料的特点包括：无光状态下呈绝缘性，有光状态下呈导电性。

（8）供纸方式。供纸方式指复印机在进行复印工作时，是通过何种方式来获得所需的纸张的。常见的有两种方式：手动送纸和自动供纸。手动送纸最为稳妥，但是每次只能送入一张，效率低。自动供纸指通过一定的自动机械装置对复印机进行供纸，目前较为常见的是采用供纸盒进行供纸。

（9）纸张的容量。纸张的容量是供纸盒的重要技术指标。一般来说，纸张容量和复印速度成正比。

3.1.2.5　"多功能一体机"与"数码复合机"

出于经济考虑，越来越多的办公用户选择将打印、传真、扫描和复印等功能集一体的办公设备以节省办公空间和成本。于是，多功能一体机和数码复合机就诞生了。虽然这两款产品都有集打印、传真、扫描、复印于一身的特点，但它们之间还是有明显的区别。

1. 概念不同

数码复合机是以复印功能为基础，标配或可选打印、扫描、传真功能，采用数码原理，以激光打印的方式进行文件输出，可以根据需要对图像、文字进行编辑操作，拥有较大容量纸盘、高内存、大硬盘、强大的网络支持和多任务并行处理能力，能够满足用户的大任务量工作需要。数码复合机还可以将大量数据保存下来，担当企业信息文档管理中心的角色的商用办公设备。

多功能一体机虽然有多种功能，但是打印技术是多功能一体机的基础功能。无论是复印功能还是接收传真功能的实现都需要打印功能支持才能够完成。多功能一体机可以根据打印方式分为"激光型产品"和"喷墨型产品"两大类。同普通打印机一样，喷墨型多功能一体机的价格较为便宜，并能够以较低的价格实现彩色打印，但使用时的单位成本较高。而激光型多功能一体机的价格较贵，并且在万元以下的机型中都只能实现黑白打印，而它的优势在于使用时的单位成本比喷墨型低。

2. 定位不同

首先从外形上看，一体机的个头和打印机差不多，比较节省空间。而数码复合机的占地要大了不少，更适合大空间使用。

其次就功能而言，一体机可以说是传统打印机的替代品，其拥有的打印、复印、扫描、传真功能可以更好地满足用户的需求。此外，针对商用用户，一体机可以增设独立的电话功能、自动文档进纸器和网络功能。而针对家庭用户，一体机则可以配备插卡槽、数码照片直接打印（PictBridge）、彩色液晶屏等。而数码复合机还针对企业级用户设计了高速输出、多元发送、保密打印、成本控制等。功能数码复合机还可以根据用户日后发展的不同需要增设其他功能，这是一体机所远远不及的。

最后就定价来看，一体机的价格往往在都在万元以下，有的家用一体机甚至打出了"399"的旗号。而数码复合机的起步价就在万元以上，再加上各种配件，四五万也是很正常的。

由以上三点可看出，一体机灵活小巧，比较适合个人办公或者小型工作组。数码复合机大规模作业能力较强，比较适合需要高效率、严格控制成本的大中型企业。

3.2 买家的心态

3.2.1 情景描述

三天后，刘经理把小林叫到办公室。刚走进办公室，小林就看到一个瘦高的中年男子。刘经理说："小林，这是我们公司的金牌销售员——勇哥。他刚出差回来，以后你就跟他好好学学如何做销售。""谢谢，刘经理。我会好好向勇哥学习的。"小林答道。难得跟金牌销售学习，小林心里不禁暗喜，可自己又不熟悉业务，不免又多了几分忐忑。

勇哥不愧是老江湖，一眼就看穿小林的心思。走出办公室，勇哥马上以过来人的身份和小林聊了起来。

"你觉得我们做销售的，最重要的是什么？"勇哥问。

小林心想，既然刘经理让我看了几天的产品资料，那当然就是最重要的事了。于是脱口而出："熟悉产品。"

谁知勇哥摇了摇头："不对。熟悉产品固然重要，但是你硬把不适合的产品推销给客户，就像把小孩的衣服套在你身上，你会乐意吗？"

小林恍然大悟："对，客户才是上帝，满足客户的需求才是最重要的。"

勇哥笑笑说："学得还挺快。不过，也只对了一半。满足客户是硬道理，但他们不是上帝。因为上帝通天下，而我们的客户多数只是专业的办公设备使用者或采购人员，并非很懂产品，需要我们像顾问、朋友一样，以专业的知识帮助他们解决办公的问题。我们行内叫作'顾问式销售'。要做好这一点，前提就是要抓住客户的'心'，帮助他们梳理需求、解决问题。你可以做到吗?"

3.2.2　相关知识

办公设备就是指办公室处理文件的设备。因此，办公设备的买家一般是企事业单位或 SOHO 用户。区别于前两章所讨论的消费者市场，本章探讨的将是组织市场客户，即将购买商品和服务以用于生产性消费、转卖、出租或其他非生活性消费的企业或社会团体。

3.2.2.1　办公设备组织市场的特征

1. 购买者少，购买次数少

虽然现在国内各行各业企业众多，但相比消费者市场办公设备，组织市场购买者就少得多。一家近百人规模，月打印量达到十万张标准 A4 纸的企业，配备一至二台高速打印机、三台左右的多功能一体机即可。办公设备一般有四至五年的使用寿命，因此企业一旦采购了一批打印机后，短期内不会再采购，但配套的耗材则会根据使用量而定期大批量采购。

2. 着重人员销售

由于只有少数批量购买的客户，办公设备销售代理往往倾向于直接上门演示并说明不同产品的性能销售，宣传其优惠政策以此吸引企业采购人员关注，以期得到及时反馈。

3. 实行专业购买

企业通常比个人消费者更加系统地购买所需的办公设备，其采购过程往往是由专人负责，这些采购人员有专业的方法和技术信息评估能力，他们的购买建立于对商品性价比、售后服务及交货期的逻辑分析基础上，这意味着办公设备销售人员必须具备完备的技术知识，并提供大量的有关自身及竞争者的数据。

4. 影响购买的人多

在办公设备采购中，一般有多人参与决策。其中包括提出购买建议并协助确定产品规格的使用者、提供采购方案评价信息的影响者、有权决定产品需求和供应商的决策者、有权选择供应商并安排购买的购买者、有权阻止销售员或信息员与采购人员接触的守门者。

5. 供需双方关系密切

办公设备在使用过程中需要定期维护保养、更换耗材，而办公人员往往缺乏维修技能。因此，专业的办公设备供应商会提供优质的售后服务及技术支持、定期上门维保、跟踪设备使用情况、及时发现设备更新换代需求。

6. 需求缺乏弹性

一般企业采购完一批办公设备后，短期内不会再采购，即便办公设备价格下降，企业也不会追加采购，除非设备出现老化、使用局限等问题。因此，组织市场的需求受价格变化的影响不大。

7. 租赁现象

一些小型企业出于成本考虑，乐于租赁一些办公设备。作为出租方，办公设备代理商可以推出优惠租赁制度，使产品找到用武之地；承租方则通过租赁省下一笔资金，又获得新设备，达到双方共赢。

8. 直接购买

办公设备品牌、型号众多，不同设备之间存在兼容的问题。因此，企业乐于从办公设备生产商或经销代理商直接购买系列产品，以此降低采购成本。

3.2.2.2 办公设备组织市场购买类型

根据影响这一整套决策的主要因素：购买重要性、客户需求和供应商供应等的变化，可将购买类型分为直接再采购、修正再采购、新任务。

1. 直接再采购

组织购买情况中最简单的是直接再采购，也就是重复的采购决定。即根据采购决定，当前的客户再次购买此前表现令人满意的熟悉产品。这种采购不需要新的信息。一般办公设备采购完毕后，设备对应采用的耗材也是固定的，只需要定期补充就可以了，因此，耗材的采购就属于直接再采购。

2. 修正再采购

修正再采购时，购买方对各种选择进行重新评估，希望修改产品规格、价格、其他条件或者供应商。由于服务较差，致使直接再采购情况恶化，这就会导致修正再采购。质量和成本方面的差异，也会导致修正再采购。办公设备供应商若要想让直接再采购持续不断，或者就算修正再采购也只是更换产品型号而非替换供应商，就必须通过优良的服务和及时的交货，努力维持与购买方的良好关系。这样，竞争对手就很难打断这条采购链。

3. 新任务采购

组织购买过程中最为复杂的是新任务采购，即必须耗费决策者很多精力的首次采购或独次采购。进行新任务采购时，往往需要购买方仔细考察不同的方案和供应商。新任务采购过程将涉及几个阶段，每个阶段都会出现某种决策，包括制定产品要求、寻找潜在的供应商、评估各方的销售方案、试用和采用等。不同的决策参与者会影响每一项决策，并将改变进行决策的顺序。新任务采购是营销人员的最佳机会和挑战。他们尽可能设法接触主要的采购影响者，并向他们提供有用的信息和协助。

3.2.2.3　影响组织购买决策的因素

组织采购人员在做出购买决策时受到许多因素影响，归纳起来有环境因素、组织因素、人际因素和个人因素。目前办公设备品牌和型号众多，面对如此之多的品牌和型号，采购人员有时会感到眼花缭乱。最担心的是买来的产品是否好用以及会不会经常出现故障，关心的是换零件的费用和耗材的价格。一般来讲，如果办公设备的效用和价格差异较大，经济因素会成为采购人员所考虑的主要因素；而一旦效用和价格差异非常小，个人因素的影响就可能增大，采购人员会根据个人所得利益的大小及个人的偏好来选择供应商。

1. 环境因素

环境因素指组织无法控制的环境因素，包括经济发展状况，政治、法律制度，市场需求水平，技术发展，竞争态势等。组织购买者必须密切关注经济环境因素，同时预测经济环境变化，包括经济状况、生产水平、投资、消费开支和利率等，从而在不同的经济发展状况下，合理地安排投资结构，进行有效的存货管理。在经济衰退时期，企业往往会削减开支。此时，办公设备销售人员对刺激总需求量是无能为力的，他们只能在增加或维持其需求份额上努力。

2. 组织因素

组织因素是指与购买者自身有关的因素，包括采购组织的经营目标、战略、政策、程序、组织结构和制度等。办公设备人员必须尽量了解采购组织的经营目标和战略、采购内容、采购的方式和程序、有哪些人参与采购或对采购产生影响、评价采购的标准、该组织对采购人员有哪些政策和限制等等。各组织的经营目标和战略的差异，会使其对采购产品的款式、功效、质量和价格等因素的重视程度、衡量标准不同，导致他们的采购方案呈现差异化。如商业或生产企业客户最关心的是利益最大化和成本最小化，因此选择办公设备时要求在保证质量、速度的前提下以尽量低的成本去购买。政府机关客户则更为关心风险问题，采购时会采用直接发包、邀请招标、公开招标、竞争性谈判等采购方式，选择供应商的标准较高，设备要求稳定。

3. 人际因素

人际因素是指参与采购的各种角色间不同利益、职权、地位、态度和相互关系。这些因素间关系的变化，会对组织购买决策产生影响。办公设备销售人员应尽量了解购买中心的每个人在购买决策过程中所扮演的角色，以及他们之间的关系，有的放矢地施加影响，将有助于消除各种不利因素，获得订单。

4. 个人因素

个人因素是指购买决策中每个参与者都有个人动机、直觉和偏好。受年龄、收入、教育、专业、个性、偏好、风险意识等因素的影响，尤其是与办公设备和使用者所从事的工作性质有关，采购决策人势必会参考使用者意见。因此，办公设备销售人员必须了解自己客户，和相关人员建立良好关系，才有利于开展业务。

3.2.2.4 办公设备购买决策过程

组织购买者的办公设备采购决策过程大致可以分为以下步骤：

1. 提出需求

当企业中的办公人员认识到办公过程中出现迫切需要解决的文档输出问题，而已有的办公设备已经无法通过修理或升级解决此问题时，采购人员就要开始物色其他办公设备供应商，寻求解决办公文档问题的方案。或是办公人员接受了办公设备销售人员的主动推销，了解到最新的办公设备能提高他们的工作效率、降低成本，也会向采购人员提出购买需求。

2. 确定总体需求

办公人员提出某种需求后，采购人员便着手确定所需设备的总体特征数量。若是相对复杂的任务，采购人员会同其他部门人员协商，再根据产品的可靠性、耐用性、价格及其他属性的重要程度排序。此时，办公设备销售人员应该向他们提供各种产品信息，协助他们确定需求。

3. 详述产品规格

采购人员查找相应的技术指标及要求，明确填入采购清单中。

4. 寻找供应商

采购人员会从各种渠道，如上网搜索供应商联系方式、发布求购信息或招标信息，乃至登门拜访，查看供应商的经营状况。办公设备销售人员应定时关注这些招标网、采购网的信息，随时做好迎接客户的准备。

5. 征求供应商信息

公开招标或邀请合格供应商提交申请书时，办公设备销售人员应有针对性地展示自身优势，在竞争中立于不败之地。

6. 供应商选择

在汇集了多家报价书之后，采购人员就要进行比较选择，从中择优。主要内容大致包括：产品的功能、质量、款式、价格，供应商的技术能力、生产能力、财务状况、组织与管理能力、履约的历史情况，其他用户口碑、售后服务、交货及时性及法律等方面。

7. 正式订购

在确定最终供应商后，双方就要拟定和签订合同，并开始执行合同。

8. 绩效评估

在双方日后的合作过程中，采购人员可以对供应商进行绩效评估，决定是修正重购，还是直接重购，或是放弃原供应商寻找新的供应商。

3.2.3 案例

采购主管 James 为购买数码办公设备的事情犯了愁。他所在的公司是一家500 强企业，在全国有十几个分公司。受金融危机影响，老板要求公司采购预算缩减至 10 万，但来自不同部门的需求却有增无减。

设计部的杨小姐说："我们部门的彩色文件特别多，以前都要拿到外面去制作，费用高、不方便、还容易泄密。如果公司有一台能自动生成海报、输出效果又好的打印机就好了。"

业务部的小黄附和道："就是，我们业务部要经常打印标书，现在的客户要求真高，不是彩色的还不大乐意看呢。而且标书往往有一百多页，打个三四份副本的话，现在的打印机起码要三个小时，实在太慢了。"

财务部主管李姐却不乐意了："买了彩色打印机，大家都会不自觉地彩打，那样会产生很多不必要的费用。倒是财务部那台打印机该换了，老是断针、卡纸。"

行政部蔡经理："现在打印机耗材用完，就要等上几天代理商才派人送过来，实在麻烦。"

这时，IT 部的主管老陈也插嘴说："我们曾经不下十次看到过遗留在打印机上的敏感文件。虽然我们公司有制定关于打印文档权限及保管的规章制度，但这些建立在员工自觉性上的制度实际可控性较弱。一旦不慎发生文印信息安全事故，我们往往要追查信息缺口和信息去向，这对我们工作带来极大不便。"

怀孕的秘书曹小姐也迫不及待地说："我们的打印机要换了，打印时发出的噪声太大，还会漏粉，这样对我宝宝不好。"

若你是办公设备销售人员，能帮助 James 梳理一下他们公司打印机需求吗？请将公司各部门的打印机需求填写在表3-9中。

表3-9　公司各部门的打印机需求

部门	要求	数量	预算
设计部			
业务部			
财务部			
行政部			
IT 部			
秘书			

3.3　销售技巧

3.3.1　情景描述

今天一上班，勇哥就递给小林一叠客户资料。"这是销售员小王之前搜集到的一些潜在客户的信息。她今天出去和一个东莞的经销商谈二级代理的事，你就帮忙打电话跟进一下这些客户，和他们做个约访吧。"

"好的，没问题。"小林爽快地答应了。

细细翻看这份客户资料，可以发现小王是多么的用心。潜在客户的来源分为报纸杂志、企业名片、商业大楼各层企业信息、老客户名单还有采购网站上的留言信息，每个信息后还留有预约时间、备注栏等空格。

小林深知，这每一条的客户信息都有可能成为公司利润的来源。于是小林抖擞了一下精神，开始按照资料显示的顺序，逐一打电话。

可惜，一连几个电话，对方不是开场白没讲完就直接挂电话，就是说采购经理不在，要么就说暂时没有采购预算。小林的心情直坠谷底，只好向勇哥求救。

3.3.2　相关知识

销售就是发现及满足顾客需要的过程。要有效进行这个过程，除了熟悉自身产品并能针对不同需求的客户描述产品性能、价格等信息外，还要熟悉成功销售的步骤，并将每一步骤的技巧运用到推销中。

3.3.2.1　挖掘潜在客户

在上述情境中，销售人员一般可以从如下渠道寻找潜在客户。

1. 从认识的人中挖掘

每个人都有亲戚、朋友、同事、同学、邻居、同乡，若从他们中找到需要产品的人，这些人就极有可能成为你的客户。

2. 利用公众媒体

每天的报纸杂志中都或多或少透露了有商业价值的信息，如招聘信息、行业新闻、展会广告等。勾画出有用的信息，做好积累。

另一方面，电子商务飞速发展，很多企业会上网搜索或发布求购信息，每天持续查看这些网站平台、社区论坛，就会发现不少商机。

3. 展开商业联系

参加一些公司或行业协会举办的研讨会、信息产品展。不妨到场交换名片或从协会中获取客户群体名单。

4. "扫楼"

对某一写字楼挨家挨户拜访收集客户的基本信息，特别是有意向的客户可以约定下次拜访的时间。对于那些比较重要的客户，就必须进行再次拜访，详细地记录下来。"扫楼"人员最好懂技术，或者采取一个销售员和一个技术员配合"扫楼"效果更佳，因为可以马上帮助客户解决办公问题，这样的体验如果给客户留下深刻印象，成交就容易得多。

5. 利用老客户带来新客户

老客户可能会有持续需要产品的需求，而且客户之间的相互推荐往往比销售人员的推荐效果要好得多。所以，销售人员必须培养与客户的良好关系，并提供实质的利益。这样老客户推荐的可能性就会增加。

3.3.2.2　电话约访

1. 预约前的准备工作

销售人员和潜在客户打交道时，需要做一些准备，包括：

潜在客户的姓名、职位、职称；

想好打电话给潜在客户的理由；

准备好要说的话；

想好潜在客户可能提出的问题；

想好如何应付客户的拒绝；

潜在客户有哪些语言上的忌讳。

最好设计一份电话约访记录表，逐一记录潜在客户的称谓、联系方式、约访时间和地点等信息。可以的话，标识一下客户合作意向程度或客户拒绝的理由，方便后续跟进。

2. 电话预约的技巧

（1）说话的技巧。

语调应该上扬，可以使人感受你的热情；

吐字要清晰明了，准确传递信息；

语速快慢适中；

音量轻重合宜，可随内容变化抑扬顿挫。

（2）说好开场白。

对人的称呼，如先生、经理、董事长等头衔一定要明确地叫出来；

说明自己的姓，再说明名字，以便加深印象；

强调自己的公司，通常客户比较认同公司，会多一些信心；

礼貌上向对方要求批准会谈的时间，强调不会占他太多时间；

如果对方的回答是"不"，只好收线，拨下一个电话。但如果是对方太忙的话，可以说："那好吧，我晚些再给您电话，下午 3 点还是 5 点呢？"

（3）化解客户在电话中的异议。

对方在电话里要拒绝销售人员实在太容易了，对销售人员来说，再好的说辞都会被轻易拒绝，重要的是坚持。没有人一开始就会被别人接受，特别是陌生人。但必须要有一个信念：锲而不舍，金石可镂；锲而舍之，朽木不折。以下是化解常见客户在电话中提出的异议和对抗的技巧：

"我们不需要！"

你可以这样回答："当然，您是唯一有资格评判我们产品对您是否有价值的人。下周一下午四、五点，我刚好在贵公司附近办事，顺便上去拜访一下您，好吗？"

"太忙了。"

"经理，我知道像您这么成功的人一定很忙，就是因为这样，我才先与您约定时间。不过，我只是同您谈十五分钟，下周一下午三点还是五点好呢？"

"我们已经在用你们的产品了，不需要了。"

"我们公司又有新产品，也许您现在没有兴趣采购新品，但通过我的介绍，您肯定会有收获的。什么时候方便大家见见呢？"

"我真的没有兴趣。"

"经理，您说没兴趣，一点也不奇怪，您都没有细心研究过，又怎会有兴趣呢？所以，我非常渴望大家能抽个时间见见面，向您解释示范，为什么不给个机会去认识再做决定呢？好了，明天方便吗？"

"请直接在电话里讲就是了。"

"经理，因为有详细的资料给您参考，电话里很难让您了解清楚，怕浪费您时间。反正我明天刚好在贵公司附近办事，我方便上来吗？"

"你只会浪费自己的时间。"

"经理，因为我们这个方案对您有很大帮助，我不介意花点时间向您汇报一下。我相信您会发现这个方案对您很有价值。说不定我们还能成为朋友呢。明天和您碰面，大概就十五分钟，可以吗？"

案例分析：

一位销售人员打电话给一位陌生的潜在客户。

销售：您好，我是某某公司的销售代表李某某。

秘书：对不起，我们不接受任何形式的推销！

销售：不好意思，我是你们公司王经理的朋友。昨天我们见面时，他说最近贵公司的打印机有点问题，刚好我们公司是做办公设备的，他让我过来帮你们看看。不知你哪个时间比较方便？是明天上午十点，还是下午三点？我到贵公司找你。

秘书：原来是王经理的朋友。最近我们的打印机确实有问题，找了好几次代理商都没来修。你来就太好了。明天上午十点过来吧。

销售：好，那我们明天上午十点见。再见。

你认为案例中约访成功的原因在哪里？

_____

_____

_____

3.3.2.3　拜访客户

作为新手的销售人员，在拜访预约过的客户时可以制订自己的拜访计划。

1. 制定拜访计划

首先明确你拜访客户的目的，究竟是引起客户的兴趣，建立人际关系，了解客户目前的状况，提供产品资料以及样品或报价单还是介绍自己的企业？只有明确了拜访目的，才能准备接近客户时的对话及资料，让客户接受您拜访的理由。

列一份清单，包括客户信息、资料工具、设计时间路线，做好拜访前的准备。

客户信息：了解客户所在行业的基本情况和行业特性、客户所在行业的常见问题。

资料及工具：产品资料、服务培训资料、演示光盘、产品报价资料、公司介绍资料、公司宣传品、样板客户资料、成功案例、名片、笔记本、钢笔，并且一定要有一份合同。

设计时间路线：确定前往客户的时间和乘车路线。

2. 拜访四部曲

（1）开场（5分钟）。

步骤1：称呼对方的姓名和职位。

叫出对方的姓名及职称——每个人都喜欢自己的名字从别人口中说出。

步骤2：自我介绍。

清晰地说出自己的名字和企业名称。

步骤3：感谢对方的接见。

诚恳地感谢对方能抽出时间接见。

步骤4：寒暄。

根据事前对客户的准备资料，表达对客户的赞美或能配合客户的状况，选一些对方能容易谈论及感兴趣的话题。

每一个人都希望被赞美，可在赞美后，接着以询问的方式，引导客户的注意、兴趣及需求。

步骤5：表达拜访的理由。

以自信的态度，清晰地表达出拜访的目的，让客户感觉你的专业并且可以信赖。通过表达拜访目的，切入拜访的主题，进入下一步问题解答阶段。

（2）解答问题（15~30分钟）。

步骤1：介绍此次拜访的目的和沟通内容。

简要说明拜访目的和将要沟通的内容，以征得客户的同意，保证沟通时间。

步骤 2：了解客户的现状和问题。

了解客户在办公过程中碰到的问题和对办公设备的需求并记录。具体可以借助以下的问题一一明确："目前，贵公司使用了什么品牌型号的办公设备？"、"您是否经常使用这些办公设备？"、"您在使用过程中觉得这批办公设备存在什么问题？"、"您希望的办公设备具有什么功能？"、"您在决定购买办公设备的时候比较看重哪方面的因素？"、"是产品的质量、性能、品牌、售后服务、产品寿命、安全性、环保节能、耗材成本还是价格？"

步骤 3：对客户关心的问题进行解答。

对客户的需求进行分析并进行回答，并在此环节向客户推荐符合需求的本公司产品。具体阐述的内容包括："我们公司有某某型号的产品比较适合您"、"它具有（功能）……"、"相比同行同类型的产品，它具有……"、"为了答谢客户，我们公司还推出（优惠）……"、"专门针对类似贵公司的情况，我们成功帮某某企业量身定制了一套解决方案，现在某某企业取得（利益）……"

步骤 4：其他需要了解的信息。

包括客户的预算、客户的决策流程、关键人员的相关信息、采购设备的时间等。可以借助以下问题了解："最近贵公司接了什么业务？"、"本次购买的预算是多少？"、"采购的产品数量是多少？"、"希望什么时候验收？"、"贵公司负责采购决策的是哪位？"、"他的联系方式是怎样的？"、"我方便在什么时候拜访一下他吗？"、"一般贵公司采购的流程是怎样的，是公开招标，还是内部推荐？"、"如果是公开招标的话，会有多少同行参与竞标？"等等。

（3）结束（5分钟）。

步骤 1：结束问题解答。

第一次拜访时间不宜过长，如果不能达到目的，应结束拜访。

步骤 2：对沟通内容进行总结。

在拜访结束前，将拜访中解答的问题总结一下，征得客户确认。

（4）埋下伏笔（2分钟）。

步骤 1：创造再次拜访条件。

在拜访结束前，可以挑出一些不重要的话题，告诉客户需要再次确认，才能答复，为下次拜访创造条件。

步骤 2：约定回复时间。

对于一些当场无法确认的问题，可以告诉客户需要和相关人员确认，再回复给客户，并约定回复的时间，让拜访有连续性。

3.3.2.4 拟定采购方案

在拟定采购方案时，客户需求是考虑的第一要素。必须深入了解客户的行业背景、仔细分析客户购买办公设备的目的，才能选出符合客户使用、成本等方面要求的产品。在充分考虑客户需求的基础上，尽可能选择本公司代理的品牌。因为本公司代理的产品一般会有价格上的优势，售后服务也更方便快捷，同时公司自身利润也可以最大化。

【练一练】

佳能彩色激打，完美诠释尼泊尔的多姿多彩

尼泊尔因其特殊的地理位置被誉为"高山王国"。国土虽小却不乏奇世美景，因其独特的宗教文化和奇异的风土民情成为最受旅行者青睐的旅游胜地之一。作为尼泊尔的驻华外交机构，尼泊尔驻华使馆担任了中尼两国政治、经济、文化等领域沟通与交流的桥梁，将多姿多彩的尼泊尔展现给中国友人，成为尼泊尔驻华使馆的工作重心。

作为外交机构，尼泊尔使馆日常工作中不但需要处理大量的外交事务、商务合作、文化交流等方面的信函，同时还要负责与护照、入境手续和签证相关的事务，在办公中经常需要打印文档资料，而文档中经常包含国旗、国徽等重要的国家标识，所以对打印输出效果的要求格外严格。在试用过佳能彩色激光打印机 LBP7100Cn 之后，使馆的工作人员发现，这款打印机在彩色打印效果、移动打印、打印成本等方面都能够完美契合他们的需求。

智能色彩技术，让色彩真实再现

为传递尼泊尔文化，使馆每年都会举办文化交流相关活动，需要打印活动邀请函、活动介绍、尼泊尔文化看点等多种资料。大使秘书边小姐说："在举办活动时，我们会向其他外交官和合作伙伴们发出纸质的邀请函。大使非常在意邀请函的打印质量，尤其是国旗的色彩有没有得到完美的展现。"以往，使馆所使用的老款打印机经常会遇到打印颜色模糊、字体不清晰的情况，这给边小姐的工作带来很多困扰。自从使用了佳能 LBP7100Cn 之后，边小姐切实感受到这款产品在打印品质方面的优势，她表示："LBP7100Cn 所打印出来的文件更清晰、整洁，并且看上去很有质感。最值得一提的是，这款打印机配有屏幕色彩匹配的功能，能够有效减小电脑屏幕和打印文件之间的色差，能够实现所见即所得的效果。大使对其打印出来的邀请函等重要彩色文件也赞不绝口！"

移动打印，让打印更加灵活自由

边小姐说，平时大使需要处理大量的邮件、信件等，为提高效率，他喜欢用手机随时查看与回复邮件，有时他会想要把重要的文件打印出来。以往，他需要将邮件转发给我，我再从电脑端进行打印，而佳能 LBP7100Cn 的移动打印功能让这件事情变得异常简单。只需要在他的手机上下载"佳能移动打印"APP，通过局域网连接到 LBP7100Cn 即可直接进行移动打印，方便又灵活。这种新潮、智能的打印方式，给我们带来了很多惊喜。

抽屉式耗材仓，操作更轻松、方便

佳能彩色激光打印机 LBP7100Cn 在耗材方面采用四色分体硒鼓设计，黑色硒鼓可打印 1 400 页，青色/黄色/品红色硒鼓可打印 1 500 页。边小姐说："如果我们黑色墨粉的使用率较高，还可选择打印量为 2 400 页的大容量黑色硒鼓。另外，操作面板上的指示灯使我们能够随时了解耗材的使用情况，做到有备无患。四色分体硒鼓的设计使我们在后期只需更换用尽的单色耗材，而抽屉式的耗材仓在更换耗材时也非常轻松、方便。"

佳能彩色激光打印机 LBP7100Cn 凭借在打印效果、移动打印、打印成本等方面的优越表现，成为尼泊尔使馆日常打印工作中的得力助手。愿 LBP7100Cn 能够物尽其用，将尼泊尔的多姿多彩完美地传递给中国的友人们。
（案例选自太平洋电脑网 http：//office. pconline. com. cn/345/3451448. html）

问题一：案例中的打印机选型是如何匹配客户的行业背景、使用特点的？

_____

_____

问题二：若澳大利亚大使也需要采购一台打印机，作为惠普打印机的经销商，你会为大使推荐一台什么型号的打印机？

_____

_____

3.3.2.5　方案介绍及排除异议

在初步拟定了采购方案后，销售人员可以带着方案中提及的产品的宣传资料再次拜访客户。由于办公设备比较笨重，因此方案的介绍可以借助纸质的宣传单、画册、PPT、成功案例及视频广告等。

介绍方案后，客户可能会提出若干异议。新手销售员一般会比较担心遇到客户的异议。那么，我们遇到客户异议时应该如何应对？

终端产品销售轻松入门

1. 分清异议的类型

异议的类型各种各样，不同的顾客关注点也不一样，但总结下来，异议不外乎以下几类：

（1）真异议。顾客认为目前没有需要，或对你的产品不满意，或对你的产品持有偏见，例如顾客从他人那里得知你的产品容易出故障。对于此类"真异议"，销售人员必须视情形考虑是立刻处理还是延后处理。

（2）假异议。假异议通常可以分为两种，一种是指顾客用敷衍的方式应付销售人员，其目的是不想有诚意地和你会谈，不想真心介入销售活动；另一种是顾客提出很多异议，但这些异议并不是他们真正在意的地方，如"这是去年流行的款式，已过时了"、"这产品外观不够流线型"等。调查显示，一般客户都不会太注重办公设备的外观，因此，虽然客户的话听起来也是异议，但不是顾客真正的异议。

（3）隐藏的异议。隐藏的异议指顾客并不把真异议提出，而是提出各种"真异议"或假异议，目的是要借此假象达成隐藏异议解决的有利环境。例如顾客希望降价，但却提出其他如性能、耗材、售后服务等异议，以降低产品的价值，从而达到降价的目的。

2. 异议的处理方法

（1）事前做好准备。销售人员可以提前列出客户可能会提出的异议，然后对应考虑一个完善的答复，编制标准应答语。这样面对客户异议时就胸中有数，能够从容应付。编制标准应答语可以参考以下步骤：

步骤1：把大家每天遇到的客户异议写下来；

步骤2：进行分类统计，依照每一异议出现的次数多少排列出顺序，出现频率最高的异议排在前面；

步骤3：以集体讨论方式编制适当的应答语，并编写整理成文章；

步骤4：大家都要记熟；

步骤5：由老销售人员扮演客户，大家轮流练习标准应答语；

步骤6：对练习过程中发现的不足，通过讨论进行修改和提高；

步骤7：对修改过的应答语进行再练习，并最后定稿备用。最好是印成小册子发给大家，以供随时翻阅，达到运用自如、脱口而出的程度。

（2）选择合适的排除异议时机。当客户提出的真实异议是属于他关心的重要事项，或是必须处理后才能继续进行销售，又或是处理异议后就能立刻要求订单，最好立刻处理客户异议。

当遇到权限外或不确定的事情，要承认无法立刻回答，但保证会迅速找到答案告诉他。当客户在还没有完全了解产品的特性及利益前就已经提出价格问题时，最好将这个异议延后处理，以让客户清楚产品的价值和售价是一致的。

（3）排除异议的技巧。

价格异议处理的方法

● 方法一：声东击西——转移法

顾客谈价格，销售永远不要谈价格，只谈两个字：价值。价格转移法又叫"声东击西"，是指把顾客从价格引导到价值上来。

● 方法二：价格谈判——取舍法

若价格确实比较高，应该承认并欣然接受，强力否认事实是不智的举动。谈判就是交换，顾客要降低价格，但是也要有一个取舍，然后让顾客自己去选择。

产品异议处理的方法

● 方法一：忽略法

从前面顾客提出的异议类型可以看出，有些异议无非是拒绝的借口。对这类异议可以采用忽略法处理，即不要把顾客的话当真，只要面带笑容地同意他就好了。对于一些"为反对而反对"或"只是想表现自己的看法高人一等"的客户意见，若是你认真处理，不但费时，还有旁生枝节的可能。因此，你只要让客户满足了表达的欲望，就可采用忽略法，迅速地引开话题。

● 方法二：转化法

转化就是把缺点转化为优点，利用顾客的反对意见来处理。顾客的反对意见具有双重属性，它既是交易的障碍，同时又是一次交易机会。当客户提出某些不购买的异议时，销售人员能立刻回复说："这正是我认为您要购买的理由！"也就是销售人员能立即将客户反对意见，直接转换成为什么他必须购买的理由。

● 方法三：转移法

转移就是转换话题。当顾客谈论的缺点无法转化为优点时，就采用转移。转移到哪儿去呢？当然是优点了。值得注意的是此时转移的一个优点话题不仅要是一个事实，而且还得与顾客谈到的缺点有关联，才可以弥补这个缺点。

● 方法四：解释法

当顾客提出的异议是一个事实，转化、转移都不行时，就得采用解释法。解释法的原则是四个字："因为……所以……"。记住，解释法不先给出答案（即使是肯定的），解释后再给答案，这样显得你专业，顾客才容易信任你，从而接受你的答案。

服务诚信异议处理的方法：直接反驳法

有些情况必须直接反驳以纠正客户不正确的观点。例如，客户对企业的服务、诚信有所怀疑或客户引用的资料不正确时，必须直接反驳。因为客户若对企业的服务、诚信有所怀疑，你拿到订单的机会几乎为零。如果客户引用的资料不正确，你需以正确的资料佐证你的说法，客户会很容易接受，反而对你更信任。值得注意的是，使用直接反驳技巧时，在遣词用语方面要特别地留意，态度要诚恳、对事不对人，切勿伤害了客户的自尊心，要让客户感受到你的专业与敬业。

【练一练】

顾客：你们的售后服务怎么样？

销售：您放心，我们的售后服务绝对一流。我公司多次被评为"消费者信得过"企业，我们的售后服务体系通过了ISO9000的认证，我们公司的服务宗旨是顾客至上。

顾客：是吗？我的意思是说假如它出现质量问题怎么办？

销售：我知道了，您是担心万一出了问题怎么办？您尽管放心，我们的服务承诺是一天之内无条件退货，一周之内无条件换货，一月之内无偿保修。

顾客：是吗？

销售：那当然，我们代理的可是名牌，您放心吧。

顾客：那好吧。我知道了，我考虑考虑再说吧。谢谢你，再见。

销售：哦。

请你分析一下，为什么顾客最终仍然没有兴趣继续话题呢？面对这样的顾客，销售应该怎么应对呢？

_____

_____

_____

3.3.2.6 达成交易

尽了一番努力之后，终于迎来最为激动人心的时刻。然而很多销售人员却在最后关头功亏一篑，没有促成客户下决心产生购买行为。那么，怎样才能做好这最后一步呢？

1. 及时捕捉成交的信号

在成交时机成熟的时候，顾客会有以下表现：不断点头、突然不再发问、开始询问购买数量、不断反复问同一问题、咨询是否有人买过此产品、开始谈价格与付款方式、话题集中在某个商品上、征求同伴的意见、进行沉思、移动身体改正坐姿、重新细阅说明书、反复查问用后的效果。以上都是客户已经想买的情形，销售人员一定要把握良机，主动尝试成交。

2. 促成成交的方法

（1）请求成交法。销售人员可以在以下三种情况出现时向客户提出"请求成交"。

第一是客户未提出异议。销售人员可以认为客户在心理上已认可了产品。比如："张先生，没有什么问题的话，我现在帮您下单吧。"

第二是客户的异议被消除之后。推销过程中，客户对产品表现出很大的兴趣，当客户消除了顾虑时，就可以迅速提出成交请求。比如可以说："王先生，所有问题都已解决了，什么时候给您送货？"

第三是客户已有意购买，只是拖延时间。可以利用请求成交法以适当施加压力。如"这批设备物美价廉，卖得非常好，库存已经不多，我帮您下单吧。"

请求不是强求，更不是乞求，使用时须神态自然、从容镇定、语速适中、充满自信，这样才能迅速获得顾客的信任。

（2）假定成交法。假定成交法是假定客户已经接受该产品进而直接要求客户成交的一种方法。例如销售人员在跟客户谈话的时候，直接告诉客户买回去之后如何使用、如何保养之类的语言，或者说："我们免费送货上门，您看是今天给您送，还是明天给您送？"

假定成交法主要适用于犹豫不决、没有主见的客户。因此，要看准客户类型和成交信号。同时销售人员还要表情大方、语言温和、委婉体贴、亲切自然，切忌自作主张、咄咄逼人。

（3）选择成交法。永远不要问客户"要不要"，而要问客户"要哪一个"。例如产品款式、颜色、价位、性能、尺寸、数量、送货方式、时间、地点等都可作为选择成交的发问内容。无论客户怎样选择都能成交，并充分调动客户决策的积极性，较快地促成交易。

（4）从众成交法。利用客户的从众心理，促使客户立即做出购买决策的方法。例如销售人员说："这款产品很畅销，您看这是一些你们同行的成功案例，他们就是用了我们的设备削减了10%的办公成本。"

（5）优惠成交法。利用优惠的交易条件来促成顾客立即购买推销品的成交方法。例如销售人员说："为了回馈我们的客户，在本周末之前下单，可以额外享受一年的免费保修。"

3. 成交确定

（1）签订合同。买卖合同是出卖人转移标的物的所有权给买受人，买受人支付价款的合同。买卖合同的内容包括：当事人的名称或者姓名、地址、标的（产品含服务）、数量、价款、履行的期限、地点及方式、违约责任、解决争议的方法、包装方式、检验标准和方法等。

（2）预交定金。定金是指推销合同的一方当事人，在合同规定应当交付的数额内预先交付给对方一定数额的货币，它是证明推销合同成立，并保证推销合同履行的一种担保形式。

（3）成交后的注意事项。在交易达成后，仍应保持冷静，不要得意忘形。不要滞留太久，及时与顾客握手告别。按照预定的计划履行合约。

3.4 售后服务

3.4.1 情景描述

在勇哥的带领下，小林顺利地拿下某跨国保险公司的采购订单。这天，小林就要和勇哥将这批办公设备交付客户使用。

来到保险公司，勇哥和对方采购部经理将合同清单与设备一一核对，核对无误后就拆箱安装。只见勇哥手脚麻利地安装设备耗材、安装设备硬件、连接电脑、安装驱程、设置共享打印机、设备调试。速度之快，让小林佩服得五体投地。

在打印了几张测试页检验打印效果后，勇哥将账单交给采购部经理签名确认。临走时，还不忘留下一张名片，让客户有需要就找他，并和设备的使用人员交代设备的使用技巧和常见的故障处理。这些举动再次让小林不禁感叹，原来金牌销售是这样做出来的。

3.4.2 相关知识

3.4.2.1 售后服务定义及内容

售后服务是指生产企业、经销商把产品（或服务）销售给客户之后，为客户提供的一系列服务，包括产品介绍、送货、安装、调试、维修、技术培训、上门服务等。

主要服务内容有：

（1）安装、调试产品；

（2）根据客户要求，进行有关使用等方面的技术指导；

（3）保证维修零配件供应；

（4）负责维修服务；

（5）对产品实行包修、包换、包退；

（6）处理客户来信来电来访，解答客户咨询；

（7）用各种方式征集客户对产品质量的意见，并根据情况及时改进。

3.4.2.2 办公设备的日常维护

1. 打印机的日常维护

（1）针式打印机维护。

建议每天开机前，花一两分钟时间，先打开机盖对机器进行简单检查，再将色带架取下，用手旋转齿轮，检查色带架运转情况和色带芯状态。

定期做好整机清洁；

维护打印色带；

定期清洗、维护针头。

（2）喷墨打印机维护。

借助软件或硬清洗的方法维护打印头；

尽量使用原装墨水而不要使用代用墨水。

（3）激光打印机维护。

定期对激光打印机内部进行清理；

用毛刷仔细清除附着在电极丝上的碳粉和纸屑；

用脱脂棉花和中性溶剂擦拭激光扫描系统；

定期用脱脂棉花把相关的各传感器表面擦拭干净，保证光电传感器传感的灵敏度；

定期用脱脂棉花将硒鼓表面擦拭干净，尽量小心，以防将硒鼓表层划坏；

更换墨粉时要注意把废粉收集仓中的废粉清理干净。

2. 扫描仪的日常维护

不要经常插拔电源线与扫描仪的接头；

不要中途切断电源，以免电路不通；

放置物品时要一次定位准确，不要随便移动以免刮伤玻璃。

不要在扫描仪上放置物品，以免扫描仪的塑料板受压变形，影响其使用；

长期不使用时请切断电源；

建议不要在靠窗口的位置使用扫描仪，减少浮尘对扫描仪的影响；

用浸有缝纫机油的棉布保养机械部分。

3. 传真机的日常维护

可用棉球蘸少量酒精清洁外壳；

在打印头充分冷却后，用蘸有无水酒精的软布擦拭打印头；

清洁玻璃和滚轴；

清除被夹原稿；

清除夹塞的记录纸；

不要长期不开机，要保证每半年开机 4 小时以上；

注意供电电源稳定，可考虑配备合适的电源稳压设备。

4. 复印机的日常维护

做好复印机的外观清洁工作，保持复印机的洁净；

定期清洁曝光系统和光导体；

定期清洁清洁器；

定期清洁显影器件和定影器；

定期给传动系统进行润滑工作；

定期测试复印机的复印效果以确定其是否正常；

定期对纸路进行维护；

定期对复印机的工作状况进行检测。

3.4.2.3 售后跟进

售后的跟进工作是维护持续的良好业务关系所在。售后跟进途径有以下几个：

（1）确认 VIP 客户，并利用邮件、短信、微博等方式发送一些对他们有所帮助的信息或贺卡；

（2）按时巡查保养设备，并捎带公司的新产品宣传单张；

（3）及时了解客户意见，高效、快速做出反应，为客户提供切实可行的解决方案；

（4）督促客服、生产等相关部门及时处理客户投诉；

（5）建立用户档案，由专人跟踪记录每次维保情况；

（6）定期回访客户，保持沟通渠道畅通。

【练一练】

前不久，某公司财务室购进一台商用扫描仪，配自动送稿器，而且还能进行平板式扫描，正好能够满足财务室的合同批量扫描和票据扫描需求。设备购买和安装都很顺利，工程师简单安装完驱动后，扫描一张，让财务室负责人确定设备没问题就离开了。

当用户在使用设备时，问题却出现了。用户在使用自动送稿器进行批量扫描时，发现扫描出来的文件右侧严重偏色。究竟是什么原因呢？财务人员马上打电话给工程师，让他来修。过了几天，工程师才上门，检查后发现扫描仪上还有一块黑色的挡板没有揭开，所以使用自动送稿器批量扫描时会出现右侧光源被挡住，从而造成偏色。

你认为案例中的工程师在什么地方做得不够？

3.5 办公设备销售实战

学习了本章内容，现在就要开始办公设备销售实战了。请全班分成 6 个小组，分别担任惠普、佳能、爱普生、理光、兄弟、富士施乐 6 个品牌办公设备经销商。请分别向以下任一客户提供采购方案。

客户 A：某出口企业，主营国际工程承包和大型成套设备出口，拥有大量的国际客户资源，经常需要参与重要国际项目的投标工作。竞标是一项需要团队协作完成的工作，负责汇总各部门资料制作标书的章小姐经常抱怨有时候投标时间紧，同事们往往在最后一刻才将内容提交给张小姐，留给她汇总打印的时间很短，要将文档分别打印好之后再进行穿插组合，程序相对繁琐又耽误时间。采购部经理还表示该企业员工一般年龄层次偏高，对新型智能化、电子化产品的接受能力略低于年轻化的企业，他们对办公产品要求就是操作简单。同时，企业还非常注重产品在节能环保方面的表现。请你为该企业推荐一款打印机。预算控制在 3 500 元以内。

客户 B：李老是著名摄影师，打算在今年 6 月举办个人摄影展。他需要一台能打印 A3 以上幅面的打印机，且打印机打印速度要快、噪音小、打印成本低。请你为他推荐一款打印机。预算控制在 4 000 元以内。

客户 C：某跨国保险公司需要一台月生产量为 10 万张 A4 纸的打印机打印保险合同。由于业务往来，需要有传真功能与客户传送询价单，以及外来文件的扫描归档。请你为该企业推荐一款打印机。预算控制在 20 万以内。

客户 D：天猫商城卖家罗先生听朋友介绍 3D 扫描技术，希望可以买一台具有 3D 扫描功能的办公设备，以应对双十一、双十二大量的 P 图任务。租用了 30 平方米的办公场地、只有 5 个员工的他表示，电商已经进入微利时代，只有节约才能出效益。因此，他要求这台办公设备可以完成打印、复印、扫描、发邮件的功能，报价不能超过 4 000 元。请你为他推荐一款办公设备。

客户 E：某设计公司打算采购 6 台打印机，其中 2 台配给财务部，需要打印多联发票等票据，同时有扫描功能，可以做票据的扫描归档。3 台配给设计部，需要输出设计效果图，色彩与精度要求比较高。1 台归业务部，打印大量信函、计划书、合同等标准公文，打印速度要快、打印数量为每月 60 000 张，打印成本要控制。总体预算要控制在 2 万。

客户 F：请在网上电商平台寻找客户信息，并按客户要求完成选型方案。

步骤一：收集产品信息

请查找小组所代理品牌的相关信息，包括品牌文化、企业规模、企业历史、竞争优势等。

请查看小组所代理品牌办公设备的所有系列产品，并制作产品信息列表册。参考格式如表 3 – 10 所示：

表 3 – 10 产品信息

产品名	A 型号喷墨打印机	* 型号喷墨打印机	B 型号喷墨打印机
主要技术参数 1			
主要技术参数 2			
……			
适用行业、部门			

步骤二：挖掘潜在客户

请模拟"扫楼"情境，进行情境对话设计。

情境一：敲门后，有应答。不开门，无需求。

情境二：敲门后，有应答。开门，有需求。

请利用电商平台搜集本市潜在客户信息 10 条。要求有详细联系人、联系电话、网址、QQ 号码、地址，并填入表 3 – 11 中。

表 3 – 11   客户信息

公司名称	联系人	称谓	联系电话	网址/QQ 号码	地址

步骤三：电话约访

约访开场白设计。

_____

应对常见客户提出的拒绝理由。

理由一："请直接在电话里面讲就可以了。"

应对：_____

理由二："你把这些资料寄给我就好了。"

应对：_____

理由三："这些时间我都不方便。"

应对：_____

理由四："我们有固定的供应商，你们不用来了。"

应对：_____

理由五："我们公司最近没预算。"

应对：_____

理由六："我们的设备没问题。"

应对：_____

设计一份《电话约访记录表》，方便逐一记录潜在客户的称谓、联系方式、约访时间和地点等信息。

角色扮演，小组之间两两配对，分别扮演销售人员和潜在客户，模拟电话约访情境，并记录在上题所设计的《电话约访记录表》中。模仿后请写下你的感受。

感受：＿＿＿＿＿＿＿＿＿＿＿＿＿＿＿＿＿＿＿＿＿＿＿＿＿＿＿＿＿＿

步骤四：拜访客户

1. 制订拜访计划

拜访计划（以下为参考内容）

一、拜访目的（提示：究竟是引起客户的兴趣、建立人际关系、了解客户目前的状况、提供产品的资料以及样品或报价单还是介绍自己的企业？）

二、本周拜访任务量（提示：根据周或月工作计划，安排每天拜访任务量，合理设计路线，避免时间浪费临时有事的计划。）

三、电话约访情况（提示：拜访人员需提前一天查看预约拜访记录。）

四、拜访前物资准备清单（提示：文件资料、工具、着装准备。）

五、拜访路线设计（提示：可上网了解公司之间公交路线、起始时间、费用。）

六、拜访步骤

七、后期信息跟进

2. 拜访路线设计

情境如下：今天，你要拜访 6 个客户，具体如表 3-12 所示：

表 3-12　拜访客户信息

公司名	地址	预约时间
中英人寿保险有限公司	滨江中路 308 号广州海运大厦 18 层	8：00—9：00
圣宇广告设计公司	赤岗西 232—234 号厂房 5 楼	10：00—11：00
广州建筑装饰行业协会设计委员会	广州市天河区金穗路 72 精英汇设计师楼 3 层 313	14：00—14：30
广州集美设计工程有限公司	金穗路 72 号精英汇设计师楼 3 层 330	14：30—15：00
金蝶软件（中国）有限公司广州分公司	体育西路 109 号高盛大厦 6 层	15：00—16：00
广州移淘网络科技有限公司	广州市越秀区环市东路 416 号高迅大厦 13 层	16：00—17：00

路线设计：

3. 产品销售话术设计

仿照例子，选择系列产品中的一款撰写销售话术。

惠普 Officejet 4308

（1）您看！这款 4308 是全球最小的一体机！

（2）体积小巧，节省您宝贵的空间。

（3）您只需一台普通传真机的价钱就可买到五大功能合一的机器，性价比太高了。

（4）电话拨打、黑/彩打印、连续的黑/彩复印、专业扫描或黑/彩传真收发全部搞定轻松至极。

（5）超强的来电显示与垃圾传真过滤功能在轻松记忆电话的同时避免传真浪费。

（6）单黑墨盒的传真接收并打印功能，可解决缺少彩墨情况下，紧急接受不到传真的遗憾。您还想实现更多的功能吗？请选择惠普 Officejet 4308 吧！

角色扮演：小组之间两两配对，分别扮演销售人员和潜在客户，模拟拜访情境。模仿后，请写下你的感受。

感受：

_____

_____

步骤五：拟定采购方案

请详细列出采购办公设备型号等信息。填写报价单。

＊＊＊办公设备有限公司

办公设备报价单

报送单位：　　　　　收件人：　　　　　电话：

联系人：　　　　　　联系电话：　　　　　传真：

序号	产品名称	制造商/规格	价格（单价）	备注

更多 ＊＊品牌产品、耗材恭候您的咨询！

　　　　　　　　　　　　　　　　　　　　年　月　日

步骤六：方案介绍及排除异议

借助 PPT 的形式，各小组派代表上台展示本组拟定的采购方案内容。

排除异议：请针对下列情境，写出应对方法。

情境一：顾客说："我考虑一下，我再看看……"

应对：_____

_____

情境二：顾客说："给我份资料，我看后再让你过来！"

应对：_____

_____

情境三：顾客说："我比较喜欢某某品牌的办公设备！"

应对：_____

_____

情境四：顾客说："你的报价太高了。"

应对：_____

_____

情境五：顾客说："现在品牌这么多，都说自己是大品牌，你们怎么能证明?"

应对：_____

_____

情境六：顾客说："你们的售后服务只保修 3 年，某某品牌的保修是 4 年，你们的售后服务不怎么样啊。"

应对：_____

_____

步骤七：达成交易

请利用网络资源搜索采购合同范本，草拟一份办公设备采购合同。

步骤八：售后服务

阅读产品说明书，安装办公设备。

调试设备，并打印测试页。

角色扮演：小组间配对，由扮演销售人员的学生向客户讲解设备使用方法及保养方法。

设计一份客户档案电子表格，并将客户情况记录入表。

学习情境四

卖网络软件

　　网络软件指的是在计算机网络环境中，用于支持数据通信和各种网络活动的软件。为了本机用户能共享其他用户的资源或将本机系统的功能或资源提供给同网其他用户使用，需要根据系统本身的特点、能力和服务对象，配置不同的网络应用系统。为此，每个计算机网络都必须制订出一套全网共同遵守的网络协议，并要求网中每个主机系统配置相应的协议软件，以确保同网中不同系统之间能够可靠、有效地通信和合作。网络软件的销售区别于一般销售，其特点在于适应性、展示性和自助性。我们需要根据不同的用户需求制定出几套解决方案并进行演示，让用户自助选择，最终达到销售目的。本章将从卖家需要掌握的信息、展示技巧等方面来学习如何成为一个成功的软件销售员。

学习目标

　　1. 能使用电子设备上网搜集网络软件相关资料；

　　2. 能套用标准化的演示模板，生动地讲解产品功能并演示产品的使用方法。

4.1 卖家需要掌握的信息

4.1.1 情景描述

小东毕业后在一家规模较大的电脑销售店铺专门销售组装机和各种软件。一天，店长跟他说："我看你平常跟同事相处还挺好的，这样，你到前台去销售吧，我相信你有这个能力。今天店铺也正好进了一批杀毒软件，你看看能不能在顾客组装电脑时顺带把这些软件销售出去，就这么定了。"小东口头上答应了，但心里很没底，自己虽然比较健谈，也毕业于计算机专业，可学的都是硬件方面的知识，对软件却不太清楚，究竟什么是杀毒软件？

4.1.2 概述

成为产品专家后，再提升自身的销售技巧才能成为销售专家。所以我们在销售前必须对自己的产品有一个深入的了解。销售网络软件前必须了解什么是网络软件。

网络软件范围很广，通信支撑平台软件、网络服务支撑平台软件、网络应用支撑平台软件、网络应用系统、网络管理系统以及用于特殊网络站点的软件等都称为网络软件。虽然网络软件种类繁多，但其销售套路基本一致。以下将以杀毒软件作为例子进行介绍。

4.1.2.1 杀毒软件

杀毒软件，也称反病毒软件或防毒软件，是用于消除电脑病毒、特洛伊木马和恶意软件等造成计算机威胁的一类软件。杀毒软件通常集合了监控识别、病毒扫描清除和自动升级等功能，有的杀毒软件还带有数据恢复功能，是计算机防御系统的重要组成部分。

杀毒软件的任务是实时监控和磁盘扫描。杀毒软件通过在系统添加驱动程序的方式，进驻系统，并且随操作系统启动，对操作系统进行实时监控，必要时还会对磁盘进行扫描。

杀毒软件的实时监控方式因软件而异。有的杀毒软件，是通过在内存里划出一部分空间，将电脑里流过内存的数据与杀毒软件自身所带的病毒库（包含病毒定义）的特征码相比较，以判断是否为病毒。有些杀毒软件，则在所划分到的内存空间里面，虚拟执行系统或用户提交的程序，根据其行为或结果做出判断。

而扫描磁盘的方式，则和上面提到的实时监控的第一种工作方式一样，只是在这里，杀毒软件会将磁盘上所有的文件（或者用户自定义的扫描范围内的文件）做一次检查。

1. 杀毒软件扫描原理

杀毒软件核心模块病毒扫描引擎若按原理可简单分为以下这几类：

（1）特征码法。将扫描信息与病毒数据库（即所谓的"病毒特征库"）进行对照，如果信息与其中的任何一个病毒特征符合，杀毒软件就会判断此文件被病毒感染。杀毒软件在进行查杀的时候，会挑选文件内部的一段或者几段代码来作为它识别病毒的方式，这种代码就叫作病毒的特征码。在病毒样本中，抽取特征代码。抽取的代码比较特殊，不大可能与普通正常程序代码吻合，因此抽取的代码要有适当长度，一方面可以维持特征代码的唯一性，另一方面还能保证病毒扫描的时候不会占用太多时间与空间。

特征码类别：

文件特征码。文件特征码是对付病毒在文件中的存在方式，可分为：单一文件特征码、复合文件特征码（通过多处特征进行判断）。

内存特征码。内存特征码是对付病毒在内存中的存在方式，可分为：单一内存特征码、复合内存特征码。

优点：速度快，配备高性能的扫描引擎；准确率相对比较高，误杀操作相对较少；很少需要用户参与。

缺点：采用病毒特征码的检测工具，面对不断出现的新病毒，必须不断更新病毒库的版本，否则检测工具便会老化，逐渐失去实用价值。病毒特征代码法对从未见过的新病毒，无法知道其特征代码，因而无法去检测新病毒。病毒特征码如果没有经过充分的检验，可能会出现误报，数据误删，系统破坏，给用户带来麻烦。

（2）文件校验和法。对文件进行扫描后，可以计算正常文件内容的校验和，将该校验和写入文件中或写入别的文件中保存。在文件使用过程中，定期地或每次使用文件前，检查文件现在内容算出的校验和与原来保存的校验和是否一致，因而可以发现文件是否感染病毒。

（3）进程行为监测法。通过对病毒多年的观察、研究，可以发现病毒的共同行为。在正常程序中，这些行为比较罕见。当程序运行时，监视其进程的各种行为，如果发现了病毒行为，立即报警。

优点：可发现未知病毒、准确地预报未知的多数病毒。

缺点：可能误报警、不能识别病毒名称、有一定实现难度、需要更多的用户参与判断。

（4）主动防御技术。主动防御并不需要病毒特征码支持，只要杀毒软件能分析并扫描到目标程序的行为，并根据预先设定的规则，判定是否应该进行清除操作。主动防御本来想领先于病毒，让杀毒软件自己变成安全工程师来分析病毒，从而达到以不变应万变的目的。但是，计算机的智能总是在一系列的规则下诞生，而普通用户的技术水平又达不到专业分析病毒的水平，两者之间的博弈将主动防御推到了一个尴尬境地。

（5）启发式引擎。启发式引擎，是指在原有的特征值识别技术基础上，根据反病毒样本分析专家总结的分析可疑程序样本经验（移植入反病毒程序），在没有符合特征值比对时，根据反编译后程序代码所调用的 win32 API 函数情况（特征组合、出现频率等）判断程序的具体目的是否为病毒、恶意软件，符合判断条件即报警提示用户发现可疑程序，从而达到防御未知病毒、恶意软件的目的。解决了单一通过特征值比对存在的缺陷。

2. 常用杀毒软件

现今杀毒软件种类繁多，国内常用的有腾讯电脑管家、360 杀毒、瑞星杀毒软件、ESET NOD32、卡巴斯基、小红伞、诺顿、江民科技、金山毒霸等。下面将对其中几种杀毒软件及其特点进行介绍。

4.1.2.2 国内部分杀毒厂商

1. 360 杀毒

360 杀毒是 360 安全中心出品的一款免费云安全杀毒软件。它创新性地整合了五大领先查杀引擎，为您带来安全、专业、高效、新颖的查杀防护体验。具有查杀率高、资源占用少、升级迅速等优点。零广告、零打扰、零胁迫、一键扫描，快速、全面地诊断系统安全状况和健康程度，并进行精准修复。其防杀病毒能力得到多个国际权威安全软件评测机构认可，荣获多项国际权威认证。据艾瑞咨询数据显示，360 杀毒月度用户量已突破 3.7 亿，一直稳居安全查杀软件市场份额头名。作为市场占有率较高的杀毒产品，除了免费外还需要有其他的特点才能吸引用户使用。360 杀毒的特点如下：

（1）领先的多引擎技术。国际领先的常规反病毒引擎、360 云引擎、QVMII 启发引擎、系统修复引擎，重构优化，强力杀毒，全面保护您的电脑安全。

（2）首创的人工智能启发式杀毒引擎。360 杀毒集成了 360 QVM 人工智能引擎。这是 360 自主研发的一项重大创新技术。新一代 QVNII 采用人工智能算法，还具备"自学习、自进化"能力，无须频繁升级特征库，就能检测到 70% 以上的新病毒。

（3）优秀的病毒扫描及修复能力。360 杀毒具有强大的病毒扫描能力，除普通病毒、网络病毒、电子邮件病毒、木马之外，对于间谍软件、Rootkit 等恶意软件也有极为优秀的检测及修复能力。

（4）全面的主动防御技术。360 杀毒 5.0 包含 360 安全中心的主动防御技术，能有效防止恶意程序对系统关键位置的篡改、拦截钓鱼挂马网址、扫描用户下载的文件、防范 ARP 攻击。

（5）全面的病毒特征码库。360 杀毒具有超过 600 万的病毒特征码库，病毒识别能力强大。

（6）集大成的全能扫描。集成上网加速、磁盘空间不足、建议禁止启动项、黑 DNS 等扩展扫描功能，迅速发现问题并修复。

（7）优化的系统资源占用。精心优化的技术架构，对系统资源占用很少，不会影响系统的速度和性能。

（8）应急修复功能。在遇到系统崩溃时，可以通过 360 系统急救盘以及系统急救箱进行系统应急引导与修复，帮助系统恢复正常运转。

（9）全面防御 U 盘病毒。彻底剿灭各种借助 U 盘传播的病毒，第一时间阻止病毒从 U 盘运行，切断病毒传播链。

（10）独有可信程序数据库，防止误杀。依托 360 安全中心的可信程序数据库，实时校验，360 杀毒的误杀率极低。

（11）精准修复各类系统问题。电脑救援为您精准修复各类系统问题。

（12）极速云鉴定技术。360 安全中心已建成全球最大的云安全网络，服务近 4 亿用户。近年来更是依托深厚的搜索引擎技术积累，以精湛的海量数据处理技术及大规模并发处理技术，实现用户文件云鉴定 1 秒级响应。采用独有的文件指纹提取技术，甚至无须用户上传文件，就可在不到 1 秒的时间获知文件的安全属性，实时查杀最新病毒。

你知道关于奇虎公司旗下产品的争议及商业矛盾事件吗？

奇虎公司旗下的安全产品一直以"免费"、"简单易用"博得了众多用户的喜爱，但是其旗下产品争议及商业矛盾事件却不断上演，下面特举几例：

（1）"3Q 大战"。"3Q 大战"是指 2010 年奇虎公司和腾讯公司之间互相指责对方不正当竞争的事件。

2010 年 9 月，奇虎针对腾讯 QQ 先后发布了 360 隐私保护器和 360 扣扣保镖，并称其可以保护 QQ 用户的隐私和网络安全。11 月 3 日，腾讯宣布在装有 360 软件的计算机上将不能运行 QQ 软件。在事件发生两天后（11 月 5 日）金山、傲游、可牛、百度等软件公司联合召开发布会，抵制奇虎 360，并宣布将不兼容 360 系列软件。

最终工信部等三个政府部门分别要求腾讯公司立即停止使 360 安全卫士与 QQ 之间不兼容的行为、奇虎公司停止提供 360 扣扣保镖下载并及时召回相关软件，两家公司分别发布了致网民的道歉信。奇虎等三间公司赔偿腾讯公司人民币 40 万元。

（2）"3 百大战"。2012 年 8 月中旬，奇虎公司悄然推出 360 综合搜索，对中国最大的搜索引擎百度予以突袭，并引起百度对 360 进行反击。期间搜狐公司也介入了其中，此后该事件更被网友称为 "3SB 大战"（此名称暗含讽刺）。

此次事件是继 "3Q 大战" 之后，奇虎公司再次与中国大型互联网企业争斗的事件。事件过后百度宣布起诉奇虎，最终在 2013 年 4 月 27 日北京一中院判决奇虎败诉，要求奇虎停止不正当竞争行为，连续 15 日在首页道歉声明，赔偿百度损失 45 万元。

（3）"虎狗大战"。2013 年 9 月 20 日，搜狗 CEO 王小川发布微博称，360 篡改搜狗浏览器主页设定。随后，有用户通过微博对此事进行确认，称自己默认的搜狗浏览器遭到 360 安全软件的修改。同日，多名网友纷纷反映自己电脑中 "搜狗浏览器为默认浏览器" 的设置已经被 360 安全卫士篡改，并提供了截图证明。

2013 年 9 月 25 日搜狗向陕西省西安市中级人民法院提起诉讼，状告奇虎公司、奇虎 360 软件公司不正当竞争，并索赔经济损失人民币 4 500 万元。2013 年 9 月 25 日 360 随即在当晚 8 点左右反击，宣布向北京第二中级人民法院起诉北京搜狗科技有限公司的不正当竞争，索赔 5 000 万元。同时，向北京西城人民法院起诉搜狗公司 CEO 王小川名誉侵权，索赔 100 万元。

目前，此案件还在进一步审理中。

（4）"微软补丁 '伪造门'"。2012 年 8 月 1 日，有用户反映 360 安全卫士 "漏洞修复" 功能中编号为 KB360018 的 "高危漏洞补丁"，并非由微软公司发布，此补丁会强制安装 360 安全浏览器。后经国外权威技术网站 systemexplorer 发布的公告，该"补丁"是"360 安全浏览器升级"文件，再次印证了网友的爆料属实。

2. 金山毒霸

金山毒霸（Kingsoft Antivirus）是中国著名的反病毒软件，从 1999 年发布最初版本至 2010 年由金山软件开发及发行，之后在 2010 年 11 月金山软件旗下安全部门与可牛合并后由合并的新公司金山网络全权管理。金山毒霸融合了启发式搜索、代码分析、虚拟机查毒等经业界证明成熟可靠的反病毒技术，使其在查杀病毒种类、查杀病毒速度、未知病毒防治等多方面达到世界先进水平。同时金山毒霸具有病毒防火墙实时监控、压缩文件查毒、查杀电子邮件病毒等多项先进的功能。金山毒霸紧随世界反病毒技术的发展，为个人用户和企事业单位提供完善的反病毒解决方案。从 2010 年 11 月 10 日 15 点 30 分起，金山毒霸（个人简体中文版）的杀毒功能和升级服务永久免费。目前最新版本是新毒霸（悟空）。金山毒霸特点如下：

（1）全平台。首创电脑、手机双平台杀毒。不仅可以查杀电脑病毒，还可以查杀手机中的病毒木马，保护手机，防止恶意扣费，免除广告骚扰，保护手机隐私。

（2）全引擎。KVM 是金山蓝芯 III 引擎核心的云启发引擎。应用（熵、SVM、人脸识别算法等）数学算法，超强自学习进化，无须频繁升级，直接查杀未知新病毒。结合火眼行为分析，大幅提升流行病毒变种检出率，查杀能力、响应速度遥遥领先于传统杀毒引擎。智能立体杀毒模式，杀毒修复一体化，无懈可击的安全体验。

（3）铠甲防御 3.0 全方位网购保护。

（4）全新手机管理。全新手机应用安全下载平台，确保应用更安全。率先整合游戏应用与数据，大型游戏一键安装。

（5）不到 10MB！全新交互体验。

3. 瑞星杀毒

瑞星杀毒软件（Rising Antivirus）（简称 RAV）采用获得欧盟及中国专利的六项核心技术，形成全新软件内核代码。瑞星杀毒软件具有八大绝技和多种应用特性，是目前国内外同类产品中最具实用价值和安全保障的杀毒软件产品。瑞星全功

能安全软件 2010 是一款基于瑞星"云安全"系统设计的新一代杀毒软件。瑞星杀毒的"整体防御系统"可将所有互联网威胁拦截在用户电脑以外。深度应用"云安全"的全新木马引擎、"木马行为分析"和"启发式扫描"等技术保证将病毒彻底拦截和查杀。再结合"云安全"系统的自动分析处理病毒流程，第一时间将未知病毒的解决方案实时提供给用户。瑞星杀毒的特点如下：

（1）木马入侵拦截。业界最强的"木马入侵拦截（防挂马）"功能，将病毒传播最主要的方式斩断。

根据瑞星"云安全"系统数据分析，互联网上 90% 以上的病毒是通过挂马网站方式传播。所谓挂马网站就是黑客入侵正常的网站，在网页代码中植入恶意代码，当用户访问这些网页时，就会执行恶意代码，从而自动下载最新木马病毒到电脑中，导致系统被破坏，账号密码等关键信息被盗。

"木马入侵拦截"功能是基于网页木马行为分析的技术，通过检测网页中的恶意程序和恶意代码，可以有效地拦截网页恶意脚本或病毒，阻止病毒通过挂马网站进行传播。此功能是支持瑞星"云安全"计划的主要技术之一。

通过对恶意网页行为的监控，可以阻止木马病毒通过网站入侵用户电脑，将木马病毒威胁拦截在电脑之外。木马入侵拦截突破了原来网页脚本扫描只能通过特征进行查杀的技术壁垒，解决了原网页脚本监控无法对加密变形的病毒脚本进行处理的问题。因为采用的是行为分析技术，所以在微软和 Flash 多次曝出的 0day 漏洞攻击面前，只有瑞星用户能够不用升级就可以将最新挂马网站攻击拦截。

据瑞星"云安全"系统的统计，自 2008 年 7 月至 2009 年 7 月，瑞星全功能安全软件共为用户拦截挂马网站攻击 20 亿次，截获的挂马网站有 2004.9 万个。巨大的成果足以说明"木马入侵拦截"在业界强大的功能与效果。

（2）应用程序加固。全球独家"应用程序加固"，保护 Word、IE 等程序被大量最新漏洞攻击。

互联网上最流行的病毒感染方式是挂马，这部分的攻击通过防挂马基本可以拦截。另外一类就是利用应用程序本身的漏洞进行攻击，例如利用 office 的漏洞，当运行恶意的 Word 文档时会自动释放病毒进行盗窃行为。作为瑞星整体防御系统的一部分，瑞星全功能安全软件 2010 推出了"应用程序加固"功能。

应用程序加固是 10 版的一个新功能。第一次安装的时候，可以扫描出用户计算机系统内有哪些程序需要加固。也就是说当一个应用程序启动后，自动检测它的不正常行为（例如 Word.exe 不会去执行一个启动 rundll.exe 的操作），如果发现有行为不正常系统会默认阻止。这对于一些从事大量文档类工作的人群非常有帮助。如一些国家政府机关，网络内外分开，平时通过外网感染病毒的概率较小，但有大量的文档操作，如果运行的 Word 文档被黑客恶意修改，就会通过 Word 盗取或破坏机关内的重要信息。

应用程序加固功能是针对一些被病毒经常利用，作为入侵途径的应用程序，通过监控它们的操作行为，确定是否存在恶意代码利用它们的防御脆弱点进行入侵，并阻止正在进行的入侵行为，从而达到病毒防御的目的。

（3）木马行为防御可以彻底杀灭未知木马病毒。"木马入侵拦截"和"应用程序加固"功能已经将挂马网站和未知漏洞攻击拦截。如果有最新病毒通过其他任何方式感染用户电脑，那么我们将借助整体防御系统底层的利器——木马行为防御，将其彻底删除。

瑞星 2010 版中的"木马行为防御"功能采用的是"动态行为启发式检测技术"。所谓动态，就是当未知木马病毒运行后，在其进行破坏行为时（如病毒正在替换系统文件、改写启动项、记录键盘信息等）进行动态拦截并清除未知病毒。

"动态行为启发式检测技术"通过对"云安全"系统截获的数千万木马和其他类型病毒的恶意行为进行分析，把木马和其他病毒的行为进行提炼，当有最新未知病毒入侵电脑进行破坏活动时，动态阻止其偷窃和破坏行为，使其失效。

2010 版瑞星"动态行为启发检测技术"不仅丰富了程序行为的定义，同时也结合静态启发检测技术提高恶意程序判别的准确率。因此在测试 2010 版瑞星的"木马行为防御"功能时开启文件监控会对行为分析的准确率大大提高。

（4）系统加固是针对系统薄弱环节进行加固，防止系统被病毒破坏。系统加固对系统动作、注册表、关键进程和系统文件进行监控，从而防止恶意程序对操作系统进行修改系统进程、操作注册表、破坏关键进程和系统文件等危险行为的发生。例如，"修改系统日期及时间"、"关闭电脑"、"使用摄像头"、"安装驱动"和"底层磁盘访问"等常见恶意行为的监控。

（5）新木马引擎，快速彻底杀灭电脑中的病毒。基于瑞星"云安全"自动分析处理系统，瑞星 2010 版最新加入了全新木马引擎，对于互联网上变化无穷的木马病毒，"新木马引擎"可以快速彻底地将木马查杀。查杀病毒的速度比 2009 版提高 40% 至 60%。随着技术的进步，查杀速度将得到进一步提升。

结合"嵌入式查杀"、"空闲时段查杀"、"断点续杀"和"异步杀毒处理"等多种方式，新木马引擎可以保护 MSN 等即时通讯软件的安全，在最低系统资源占用下，全面查杀电脑中的病毒。

（6）云安全启发式是基于瑞星"云安全"的启发式扫描，能够最大范围杀灭未知病毒。瑞星 2010 版的"启发式扫描"针对的是目前网上最活跃的流行木马病毒，发现未知病毒的能力将比以往软件更加强大。结合瑞星"云安全"系统的巨大病毒样本库，能更加精准地判断未知病毒，比其他单一使用该技术的软件精准度高数倍。

（7）实时监控可以高效快速监控电脑安全。经过重写优化的文件或邮件监控引擎，能够在快速响应、低资源占用的情况下，高效监控电脑文件系统与邮件系统。

（8）"云安全"自动分析处理系统极速响应未知病毒。经过 1 年多的正式运行，瑞星"云安全"系统已经实现了用户上传可疑程序样本、挂马网站——过滤、归类——分析处理——验证——升级这一整套处理流程的自动化。用户如果发现有瑞星处理不了的或怀疑是病毒的文件时，将文件上传给瑞星"云安全"，系统将在 1 小时内给用户提供解决方案。在瑞星 2010 年公测期间的最快反应速度是用户上报文件后，5 分钟内为用户解决。

（9）极低资源占用，更快、更稳定。瑞星全功能安全软件 2010 版，优化整合软件架构，加入全新木马引擎，对监控系统的优化使得系统资源占用更低。软件安装后只有两个进程，并且在杀毒过程时，系统资源的占用依然很低，再与多种查杀方式相结合，让用户流畅稳定地使用电脑。

（10）拦截海量挂马网站和最新木马样本，瞬时自动分析处理。瑞星"云安全"系统运行一周年时，共拦截了 20 亿次挂马网站对用户的攻击，截获了 2 004.9 万个最新病毒样本。这完全是基于瑞星新一代的技术：智能感知威胁、收集与分布式挖掘最新威胁、自动分析处理和实时升级。

一年的时间瑞星处理了 2 004 万个病毒样本，以前是根本无法实现的，如果每个病毒都单独入库，病毒库早就容不下。瑞星的病毒库能保持在 20 至 30MB 内，原因是病毒入库，入的不是具体的病毒，而是通杀记录。

通过对病毒的研究，瑞星将病毒的各种共性、特征进行归类总结。例如，灰鸽子的一些行为特征基本上就是隐藏自身、开后门、插入进程、键盘记录等。通过对这些进行总结，瑞星每入库一条病毒通杀记录，都可以查杀上千个病毒样本。

（11）云安全防火墙是基于瑞星"云安全"系统，全面阻止黑客攻击，并可以实时追踪到攻击源的位置，以提供给公安部门取证。

通过"出站攻击防御"与"恶意网址拦截"功能，解决"肉鸡"与"僵尸网络"对用户和网络造成的严重威胁，并保护用户在访问网页时，不被挂马及钓鱼网站侵害。

（12）瑞星全功能安全软件 2010 版的主动防御经过整体逻辑整合，功能更全，使用更方便。不仅如此，通过瑞星"云安全"系统，将主动防御拦截病毒时的提示框操作，进行了自动化处理，大大减少了用户手动操作，越来越多的操作全部交由软件自动完成。

（13）账号保险柜，灵活保证用户账号密码安全。基于智能主动防御技术的账号保险柜，在瑞星 2010 版中，功能得到进一步提升，不仅可以主动保护数百种网游、流行软件、炒股和网银软件等，而且允许用户自定义添加软件的保护。

（14）瑞星全功能安全软件 2010 版的自我保护是瑞星历届版本中，功能最强大的。它不仅采用分级功能保护，而且对于冰刃一类的驱动级安全工具，也可以有效自我保护，使病毒无法关闭、破坏杀毒软件。

4.1.2.3　国外部分杀毒软件厂商

1. 比特梵德（Bitdefender）

比特梵德是来自罗马尼亚的安全软件品牌，诞生于 2001 年 11 月。该产品包括家庭版、商业版、企业版和服务器版。家庭版支持 Microsoft Windows、Symbian OS 和 Windows Mobile 操作系统，其他版本支持 Windows、Linux 和 FreeBSD 操作系统。最新版本包括防病毒、防间谍软件、防火墙、垃圾邮件过滤器等组件。它的网站免费提供简单的在线查毒。

在 2013 年初，该公司推出了第一款具有常驻防护功能的杀毒软件：Bitdefender Antivirus Free Edition（英文版）。

现以已经推出简体中文版本的比特梵德 2010 为例，它有如下特点：

比特梵德 2010 改进了病毒扫描和活动病毒控制（Active Virus Control）。另外，比特梵德 2010 提供了最新的安全解决方案，例如主动防护、系统维护和备份功能。

比特梵德 2010 最重要的功能就是活动病毒控制和使用模式（Usage Profiles）。活动病毒控制可以通过监测应用程序和类似病毒的活动，为用户提供删除病毒代码的先进启发式技术。同时还可以帮助用户量身定制适合自己的安全解决方案。因此，比特梵德 2010 用户可以选择典型、家长和游戏这三种模式。方便灵活、直观易用的配置向导，是比特梵德 2010 版的亮点。

比特梵德 2010 能自动更新，它的架构性能稳定，并会自动检查系统文件、保护安全文件，具有组件检查、截获数据、处理数据和组件三个简章的功能类别，用户可以自主设置。

360 杀毒采用的"四引擎"技术中就有一个引擎采用了比特梵德的核心。

2. 小红伞（Avira Antivirus）

小红伞是由德国公司所开发的杀毒软件。在 2004 年开发的"AntiVir"首次荣获 VB100 奖项。有针对个人或家庭推出的免费版本：Avira Free Antivirus（有中文版本）。

小红伞版本区分为免费版和商业版：免费版仅提供给个人、家庭和非营利组织使用；商业版提供给专业用户、企业用户之商业性使用。

Avira 防毒特性：硬件的等级需求度不高，所消耗的硬件资源低；软件的病毒定义档更新快速。

你知道吗？

在小红伞杀毒软件还没推出中文版本前，它被国内的部分软件误报告为病毒（如 QQ），这成了国内用户的烦心事。但在推出了中文版本后，这种情况已经有了很大的改善。

网友对小红伞版本称呼一览：

"小 S 版"是指 Avira Internet Security（收费）；

"大 S 版"是指 Avira Server Security（收费）；

"小 P 版"是指 Avira Antivirus Premium（收费）；

"大 P 版"是指 Avira Professional Security（也称为"W 版"，收费）；

"F 版"是指 Avira Free Antivirus（也称"C 版"，免费）。

360 杀毒采用的"四引擎"技术其中一个引擎就采用了小红伞的核心。

3. ESET NOD32

ESET NOD32 是由 ESET 发明设计的杀毒防毒软件。ESET 于 1992 年建立，是一个全球性的安全防范软件公司，主要为企业和个人消费者提供服务。它的旗舰产品 NOD32 能针对已知及未知的病毒，间谍软件（SPYWARE）及其他对用户系统带来威胁的程式进行实时的保护。AV-Comparatives 测试结果排名第八、2008 全球杀毒软件测试结果排名第三、2009 全球杀毒软件测试结果排名第五。它有如下特点：

（1）全面的保护。单独运行的病毒、黑客软件、广告插件和间谍软件的防护程序会拖慢用户的计算机，难以管理，还会带来安全问题。ESET NOD32 则设计了一个高效的内核，作为一个单独的、高度优化的引擎，提供统一的安全保护，防止不断更新的病毒、蠕虫、间谍程序的恶意攻击。ESET NOD32 拥有先进的 ThreatSense 技术（专利申请中），可通过对恶意代码进行分析，实时侦测未知的病毒，让用户时刻走在病毒编写者的前面。

（2）最小的影响。ESET NOD32 节约内存和硬盘上的资源，让它们为更重要的应用服务。软件只有 11 M，平均占用 23M 的内存（根据检测状态会有变化）。ThreatSense 每次更新（包括启发式逻辑和病毒特征码）通常都只有 20 KB 到 50 KB 左右。

（3）最快的扫描。强大的安全防护绝不拖慢计算机。ESET NOD32 是用大量的汇编语言编写而成，其因最快的侦测速度和高效的查杀能力而连续获奖。

（4）简单的管理。ESET NOD32 会自动更新，如果用户是个人使用或是家庭办公，根本不用去管理它。对于大型企业，ESET 提供了强大的远程分布式的网络管理，管理员可以集中部署、安装、监测和管理成千上万的工作站和服务器，以最小影响和最快速度得到最好的保护。

（5）启发式实时侦测。启发式是最有效的安全保护，病毒程序的防护必须要在其对计算机造成影响前实时地进行。那些时刻等待着病毒特征库更新的防毒软件会给攻击打开一扇窗，稍不留神就有可能给用户造成灾难性的后果。ESET NOD32 则凭借其 ThreatSense 技术，彻底关闭这扇窗，不给病毒程序留下一个漏洞。

你知道吗？

在 2007 年，"熊猫烧香"病毒疯狂感染了国内大多数电脑。国内大多数厂商都无力应对的时候，NOD32 已经能识别出"熊猫烧香"及部分变种病毒，并进行查杀。此外，该软件还是 VB100 通过次数最多的杀毒软件。

4. 卡巴斯基（Kaspersky Lab）

卡巴斯基反病毒软件是世界上拥有最尖端科技的杀毒软件之一。其总部设在俄罗斯首都莫斯科，全名"卡巴斯基实验室"，是国际著名的信息安全领导厂商，创始人为俄罗斯人尤金·

卡巴斯基。公司为个人用户、企业网络提供反病毒、防黑客和反垃圾邮件产品。经过十四年与计算机病毒的战斗，卡巴斯基获得了独特的知识和技术，成了病毒防卫的技术领导者和专家。该公司的旗舰产品就是著名的卡巴斯基安全软件，主要针对家庭及个人用户，能够彻底保护用户不受各类互联网威胁的侵害。卡巴斯基安全软件特点如下：

（1）安全支付。当用户进行网上银行业务或网上购物时，可保护用户资金的安全。借助卡巴斯基安全软件2014，无论何时尝试登录网上银行、网上支付系统网站或网上购物网站，卡巴斯基独有的安全支付技术都能通过下列方式保护用户的资金和个人信息安全：

将该网站的URL与安全网站数据库进行比较；

检查用来建立安全连接的证书，以防止您被定向到假冒网站；

检查计算机上可影响您进行网银业务的任何操作系统的漏洞；

自动以卡巴斯基特殊的安全支付模式打开网站，获得可防止窃取个人及财务信息的额外安全层。

（2）安全键盘和虚拟键盘可防止用户的数据被键盘记录器记录。网络罪犯会使用键盘记录程序和截屏恶意软件记录用户通过键盘输入的银行账户信息、信用卡号或其他重要信息，卡巴斯基安全软件2014包含两种特殊的安全技术：

安全键盘——无论何时访问网上银行或支付网站，或在任何网页输入密码，卡巴斯基的安全键盘功能就会自动激活。安全键盘能让用户通过计算机物理键盘输入数据，这时用户的信息就不会被键盘记录器获取。

虚拟键盘——取代了通过键盘输入敏感信息（如密码和账户详细资料），可使用户通过多次鼠标点击来输入数据，以便用户的重要信息不会被键盘记录器、黑客和身份窃贼跟踪或窃取。

（3）自动漏洞入侵防护。即使计算机以及用户在其上运行的应用程序尚未安装最新补丁和修补程序，卡巴斯基安全软件2014也可通过以下方法防止漏洞被利用：

控制包含漏洞的应用程序中的可执行文件的启动；

分析可执行文件的行为，以识别与恶意程序的相似之处；

限制含漏洞应用程序的允许运行方式。

（4）受信任应用程序模式。这一全新卡巴斯基安全技术使用卡巴斯基的白名单服务信息来限制在用户的计算机上允许运行的那些应用程序，而卡巴斯基是唯一一家有自己的白名单实验室的网络安全软件供应商。该实验室可评估应用程序，以确定客户在他们的计算机上运行的应用程序是否安全。

当启用"受信任应用程序模式"时，计算机上仅可运行卡巴斯基指定为

"受信任"的应用程序，而其他所有应用程序将受限制。

（5）抵御锁屏恶意软件。

锁屏木马能够阻止用户使用计算机，除非用户支付"赎金"，这样才能消除锁屏限制。如果网络罪犯试图使用锁屏木马控制用户的计算机，只需激活卡巴斯基针对锁屏木马的保护，卡巴斯基安全软件2014就可以终止所有危险进程，并启动相关的病毒处理措施。

小提示

卡巴斯基相比某些"轻巧型"的杀毒软件来说，占用的系统资源相对比较多，对于一些配置较低的电脑，建议尽量不要安装卡巴斯基（虽然新版本对此有所改善）。

卡巴斯基部分版本有时会与国内某些程序不兼容，所以顾客在购买卡巴斯基杀毒软件时，尽量问清楚顾客平日要运行哪些程序（如部分机型安装了2014版的卡巴斯基个人防护套装在使用"安全支付"功能时就出现了支付宝和网银启动时"假死机"、"蓝屏"的情况）。

5. 诺顿（Norton）

诺顿是赛门铁克（Symantec）公司个人信息安全产品之一，亦是一个被广泛应用的反病毒程序。该项产品发展至今，除了原有的防病毒功能外，还有防间谍等网络安全风险的功能。

赛门铁克公司成立于1982年4月，原为编程语言公司。1990年，赛门铁克并购软件公司彼得·诺顿（Peter Norton Computing），正式跨入杀毒软件市场，服务个别用户、小型组织确保网络安全及解决问题，保护用户计算机免于病毒爆发或恶意程序攻击。

诺顿反病毒产品包括诺顿网络安全特警（Norton Internet Security）、诺顿防病毒软件（Norton Antivirus）、诺顿360全能警（Norton 360）等。赛门铁克另外还有一种专供企业使用的版本被称作Symantec Endpoint Protection。

该产品有如下特点：

（1）启发式引擎。启发式技术可以虚拟一个主机环境，并在不影响实机的情况下，诱发恶意程序现形，许多杀毒软件都有启发技术，这项技术被诺顿称作"Bloodhound"。Bloodhound是赛门铁克独有的启发式侦测技术，借由可疑的行为来侦测病毒。Bloodhound会制造一个虚拟的安全环境，使病毒展现出它的不良企图，而不会影响到计算机本身运作的稳定性。

（2）行为防御。启发只运行于虚拟主机当中，倘若病毒木马不幸进入实体主机，就得利用"行为防御技术"了。行为防御会分析可疑程序的行为，并事先阻拦。诺顿著名的 SONAR 无疑是当中最成熟的。一般的行为防御十分被动，只有在恶意程序对外连接时才会运作，诺顿则采取"主动"出击，每次文件读写都会立刻扫描，大大降低了被入侵的风险。

（3）浏览器防护。漏洞防护是针对系统漏洞进行防堵，让威胁入侵概率达到"0"的防御方式。比起繁杂庞大的病毒码，直接管理漏洞显然更有效率。该软件会严加看管最常遭到黑客攻击的浏览器漏洞，无论你是 IE 还是 Firefox 的用户，都能获得最完善的保护。

（4）身份防护。网络安全软件最终是为了保护计算机本身，以及存在于计算机里的文件数据。在线账号密码是最重要却也最容易被窃取的，一旦泄漏，往往造成用户财物上的重大损失。诺顿独家的名片式身份防护为此提供了最佳保护，每次上线都通过名片自动登录，让用户不受到键盘侧录等恶意程序侵扰。

（5）智能型扫描。诺顿增加的新技术 Norton Insight，是一种白名单（但名单规则并不内存于软件当中，而是通过赛门铁克另有的平台随时更新），其原理为只扫描不被信任的文件或网站，并略过知名或者安全的文件及网站，该项技术可让扫描速度大幅提升，并降低误判率。

（6）云鉴识技术。诺顿新版本加入了云鉴识技术（从 2010 版开始），这项技术是一种信誉评鉴制度，把诺顿全球用户遭遇过的程序以及文件，全都汇聚在诺顿云数据库中，然后依照危险程度评分，完全不占用系统资源。当其他用户也在网络上遇到相同文件时，只需通过连接，取得诺顿云数据库所给的文件信用评价，就能避免大部分威胁。

你知道"诺顿误查事件"吗？

2007 年 5 月 18 日凌晨 1 时至当日 14 时 30 分之间，赛门铁克公司生产的诺顿防毒系列杀毒软件在升级病毒库后，会把打过微软 KB924270 安全更新的简体中文版 Windows XP SP2 系统的重要系统文件 Netapi32. dll（5.1.2600.2976 版本）和 Lsasrv. dll（5.1.2600.2976 版本）检测为病毒，并隔离清除。当用户重新启动计算机后，出现蓝屏，系统无法正常加载。

后据赛门铁克（中国）公司网站称，出现该事故的原因是恶意软件自动化分析系统的定义变化导致两个 Windows 系统文件被错误地检测为恶意程序。其后赛门铁克也提供了解决方案。

该事故造成了国内许多计算机系统崩溃。部分用户对诺顿及赛门铁克失去信心，还有用户向法院起诉要求赔偿人民币 5 万元。但根据诺顿防毒软件许可协议的免责条款，其赔偿额度不超过软件的购买价。

为此，赛门铁克成立了中国安全响应中心。

4.1.2.4 部分权威杀毒软件评测机构

反病毒软件是个人及企业计算机必备的基础性底层软件，具有其他应用软件无法替代的功能。随着国产杀毒软件频频出击国际市场，国内的用户也更加关注国际上的一些比较权威的杀毒软件的排名和认证测试。那么这些测试对于普通消费者选择杀毒软件有何价值，到底权威性如何？

1. 反病毒对比实验室 AV-Comparatives（简称 AVC）

（1）查杀重点：病毒检出率、整体性能。AV-Comparatives 是一家国际性独立测试机构，于 2003 年成立，测试报告详细，等级分明。AV-Comparatives 每个季度会更新报告，给通过 AV-Comparatives 测试的杀毒软件授予认证。AV-Comparatives 提供四个级别的认证系统：从低到高为 TESTED（过关）、STANDARD（一般）、ADVANCED（满意）和 ADVANCED +（最佳）。

（2）AVC 的优点。只有顶级产品才有资格参与 AVC 评测，参评软件需具备出色的样本检测率、合理时间段内完成扫描、并不存在产品兼容性冲突、误报率低等特质，才可进行参选。

AVC 测试的权威性已获得行业公认。AVC 本着公平公正的原则，测试项目均不接受任何赞助，一直保持着良好的信誉。参加测试的门槛很高，只有高水准的反病毒软件才可以参加 AV-Comparatives 的常规测试。加入其测试，需要产品的病毒检测率在很长一段时间保持在世界前 18 位，测试过程十分严谨。该测试具有高病毒检出率，拥有自己的或者是得到许可的引擎，保证在指定的时间，在最高安全配置下不发生重大错误，并完成对整个数据库的扫描。

2. Virus Bulletin 病毒技术研究所（简称 VB100）

（1）查杀重点：未知病毒查杀、误报。Virus Bulletin1989 年于英国成立。Virus Bulletin 其中一个最大的成就就是提出 VB100 认证，以独立、公正而严谨的态度，定期对各大防毒品牌产品进行测试，其报告备受全世界防毒界公认与推崇。

VB100 认证开设于 1998 年，距今已有 10 多年的历史，发展至今，已成为全球性反病毒产品的金牌认证。

（2）VB100 的优缺点。VB100 历史最悠久，可以称为杀毒软件认证中的"奥斯卡"。VB100 是一个非商业性组织，不收取任何费用，不受任何非技术性因素的影响。Virus Bulletin 要求参加该认证的反病毒产品必须完全杀除"Wildlist（最大病毒库）"里登记的所有病毒样本，诊断率 100%，误诊率 0%，并在扫描过程中没有任何误判情况。因此在 Virus Bulletin 看来只有两个结果，通过或者不通过。

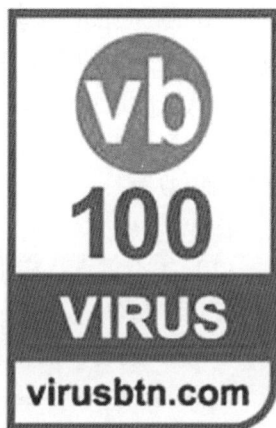

但是 VB100 也经常被人所批评。由于 VB100 的测试方法是基于 Wildlist 病毒库中已经记录的几百种恶意软件为标的，用被测产品对这些恶意软件的报警数和误报率为核心指标进行测试，在样本量和方法上都有明显缺陷，甚至不包括一些危害性极大的病毒类型；又由于测评的重点是误报等，忽视了反病毒软件的最基本要求，并且 Virus Bulletin 的测试对很多当前使用的对付病毒的功能并不进行评测。在这种情况下，VB100 作为一项很高的荣誉提供给胜利的参评者，却不能证明该软件对当前病毒威胁的防范能力。

3. 英国西海岸实验室（West Coast Labs）

查杀重点：木马查杀。Checkmark 认证始于 1996 年，是国际上信息安全类产品的最高认证之一。发展到今天，其认证标准已被全球认可，并成为最值得信赖的指标之一。Checkmark 认证包括 Checkmark 一级（Level 1）、二级（Level 2）和木马（Trojan）三项内容，其中木马认证要求最高。Checkmark 木马认证要求被评测的产品能够 100% 查出西海岸实验室所有测试木马样本，并且扫描误报测试专用样本时的误报率为 0。

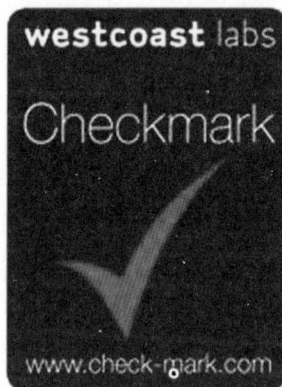

Checkmark 对于杀毒软件认证共有 5 项，从基础认证到全能认证分别排序为：

"Anti-Virus Desktop"（查毒能力认证）；

"Anti-Virus Disinfection"（杀毒能力认证）；

"Anti-Trojan"（反木马能力认证）；

"Anti-Spyware Desktop"（反间谍软件认证）以及最高级别认证；

"Anti-Malware"（反恶意程序认证）。

全球范围内的安全专业人士都相信持有 Checkmark 证书的任何信息安全产品。认证的通过意味着杀毒软件的品质得到国际权威检测机构的认可，核心技术达到了世界一流水平。严格的测试程序充分表明了 Checkmark 认证专业性和权威性。

4. AV-Test

（1）查杀重点：病毒检出率。AV-Test 是由德国马德堡大学（University Magdeburg）和 AV-TestGmbH 共同合作的研究项目，各项反病毒测试是由技术与商业资讯系统学院（Institute of Technical and Business Information systems）的商业资讯系统团队（Workgroup Business Information Systems）在研究实验室进行。目前，病毒测试实验室由资深业界专家定期做病毒复制、分析与防毒产品测试。

（2）AV-Test 拥有全球最大的反病毒测试中心，是国际权威的第三方独立测试之一，采用大病毒库的样本库进行自动测试，最大程度减少了人为因素对测试结果的干扰，其测试结果被国际安全界公认为独立客观。

测试规则：每项测试满分 6.0，总分 18 分，一款杀毒软件只有综合得分超过 11 分才能通过 AV-Test 测试。

5. 国际信息安全实验室 ICSA

（1）查杀重点：病毒检出率。ICSA 实验室的产品认证程序可以为用户提供保证。获得 ICSA 实验室在 Internet 网关领域认证的产品必须是：100%检测到当前在 "Wildlist"（最大病毒库）中已列出的病毒；检测到 90% 的 ICSA 宏病毒库中的病毒；检测到压缩文件中的病毒，包括但不限于使用 PKZip 格式的压缩文件；检测到以 "uuencode" 格式进行编码的电子邮件中的病毒；检测到以 "MIME" 格式进行编码的电子邮件中的病毒，并且在扫描时能够记录所有的活动。

（2）ICSA 认证的权威性、可靠性。凡是获得 ICSA 实验室认证的反病毒产品在减少因病毒而引起的安全隐患方面，都可以满足一系列的公众检验标准和业界接受的规范。ISCA 还会对得到认证的产品进行周期不超过一个季度的后续测试，以保障产品品质的持续性。

6. Checkvir

查杀重点：主动防御。位于匈牙利的 Checkvir 杀毒软件认证计划始于
2004 年。Checkvir 提供对杀毒软件产品和杀毒方案的测试，测试比较多样化，每月都不同。测试内容主要包括：主动防御、手动扫描和邮件扫描。测试的病毒样本全部来自最大病毒库。认证分为两个等级：STANDARD 和 AD-VANCED。Checkvir 是由政府支持的一项非营利计划，目的是为了帮助用户更好地了解各种杀毒产品的性能。近年来，Checkvir 不断改进，进行大量研究，更新测试方法，保持其先进性。其中实时测试会测试杀毒软件的所有版本，一天至少测试一次以保证测试结果的客观准确。(摘自百度百科)

4.1.3 案例

销售软件前我们需要了解软件的优势、软件的销售对象、软件的功能和实现功能的方法。这些资料都会在软件手册里一一记载。以下就以瑞星全功能安全软件作为例子，示范一下如何使用软件手册。

首先我们需要获取软件手册，可以通过公司内部或者网络获取，这里我们采用的是网络。登录百度输入"瑞星全功能安全软件手册"进行搜索。在搜索结果中优先选择靠上的链接，如下图所示"瑞星全功能安全软件用户手册"。下载后打开文件翻到目录页，一般软件手册会包含有引言、软件简介、运行环境、使用说明、问题与解答、客户服务等内容。我们需要重点浏览的是软件简介、运行环境、使用说明这三部分。在瑞星全功能安全软件手册中这三部分都包含在第一章的产品简介里，所以我们需要重点阅读第一章的内容。

4.2　演示技巧

4.2.1　情景描述

小东拿到了公司开发的新杀毒软件的产品手册。根据公司的行程安排，明天就要在客户面前演示这个产品了。他到底应该怎么演示才能说服客户购买公司的杀毒软件呢？

4.2.2　概述

当熟悉了产品性能后，我们就需要根据产品手册的内容制作产品演示PPT，并根据PPT编写一份演讲稿，在客户面前演示PPT并进行讲解。产品演示PPT可以直接套用产品手册的内容进行制作，而对演示流程、演示内容和讲解对白的演讲技巧会影响到客户对公司和产品的印象，甚至会影响到交易。做好产品演示是每个软件销售必须掌握的技能。

1. 要做好产品演示，必须掌握相应的演示技巧

首先要确定我们的演示目的，演示目的一般分为以下几类：

（1）展示公司背景、实力、影响力；

（2）展示软件的强大功能；

（3）针对企业客户需求说明我们的解决方案；

（4）进一步了解企业客户主要参与软件演示的人员。

2. 在演示前做好相关的准备工作

（1）准备演示数据。掌握该行业的数据或客户的实际数据，客户会感到很亲切。

（2）企业客户方参与软件演示人员的情况、企业客户最需要解决的问题、企业内部的工作流程（可通过前期的需求调研来获得）。

（3）演示设备与相关演示文档。

（4）演示的着装，统一衣着可以提升客户对公司的印象。

（5）确定演示时间、地点、参加人员。

3. 进入重点的演示环节

在演示时需要掌握以下演示流程与技巧：

（1）通过开场白（寒暄、市场情况等）逐渐将客户的思路引向要演示的软件。

（2）双方的主要人员相互介绍，尤其是对方团队人员组成，方便在后面演示中掌握重点人物。

（3）通过 PPT 简要介绍一下本公司的技术实力、产品的技术特色、获得的荣誉、在全国同行中所处的地位、主要客户等。

（4）介绍软件系统的主流程、主模块、主功能，让客户对软件有了一个大致了解。

（5）介绍软件的亮点及针对需求的满足度。

（6）以企业的实际业务流程演示。这个环节要求我们首先对软件要非常熟悉。如果对软件不熟悉，就很可能将软件中存在的问题暴露给客户，使得软件演示效果很差。

（7）根据事先准备好的数据，实现客户在不同业务情况下的需求，体现软件的各种优势。

（8）在演示过程中，注意"眼动、手动、口动"三者充分结合，让客户感觉是在听一场优美的演讲，浑然一体、一气呵成。

（9）不要讲得太多太细，只需要给客户展示软件的优点，给客户留下深刻的印象。

（10）对于客户提出的具体且比较好解决的问题，可以为其演示或解释，但解决完之后应马上回到原来的演示内容。

（11）对于软件中不能直接解决的问题，可以用解决方案去进行解释。

（12）对于客户提出来较难解决的问题，可以这样回答"您的问题在稍后的模块讲解中会讲到"，"您的问题比较复杂，要做多一些演示数据，可在演示结束后我们再做进一步的沟通"。

（13）对于客户不合理的问题，要从科学管理的角度、企业整体效益角度或者其他同类企业的管理方法出发，建议如何去解决。

（14）对于软件没有的功能，不要绕圈子，明确表示现在版本还没有，但是在新版本中已经准备开发，或者将要开发，避免过多纠缠。

（15）要注意团队的配合，自己不擅长的问题应该让其他人员来帮助回答，互相补充。

（16）演示人员一定要有信心，充满激情、朝气。注意演讲过程中种种细节，比如讲解声音的抑扬顿挫、软件演示的身体姿势、回答问题的面部表情等，并且让这种激情通过软件演示进到客户的心目中，给其留下深刻的印象。

4. 演示完后不要松懈下来，还需要跟进相关工作

（1）对参加的各部门关键人员电话了解演示效果。针对他们关心的问题通过口头或书面形式提出解决方案，加深印象。

（2）了解竞争对手，对最有威胁的对手抢先出手打击，但是要注意方式方法，不能太激进。

（3）及时与该企业客户的高层联系，了解他们还存在的顾虑和担心。在情况允许时可以安排一次高层会谈，增加他们的信心。

（4）对关键的人物加强公关工作，通过情感沟通（或请客送礼）来促进签单。

（5）及时解答对方新的一些管理问题、软件功能问题和担心，注意密切联系。

（6）必须巧妙提出或暗示成交请求、要求。

4.2.3　案例

【案例一】

尊敬的各位参会人员，你们好！欢迎各位参加这次由×××公司主持的软件演示会。我是今天的主讲，来自×××公司的×××。开始演示前我们首先来介绍一下今天与会的领导，×××公司的总经理×××，×××公司的技术总监×××。

在介绍软件前首先介绍一下本人公司。×××公司成立于××××年，拥有员工×××人，××年软件开发经验，软件受×××机构认可，具有世界领先的××技术，获得过中国软件协会的×××一等奖。

接下来我要展示的是我们公司的新产品——×××杀毒软件。这年头什么都可以不会但是不可以不会电脑，什么都可以中但是不可以中病毒。日益壮大的互联网，科技飞速前进的技术，安全隐患也是令我们头疼的问题！正因为这个原因杀毒软件备受瞩目。我们公司的杀毒软件具有×个模块，主要功能有……；特色功能是……；能解决……问题。

杀毒软件占用内存过大、杀毒速度太慢、占用资源多、是现今杀毒技术方面存在的比较大的问题，也是客户热切期盼解决的问题。我们公司推出的×××杀毒软件，终于让用户看到了黎明的曙光。首先是体积小了，有病毒库优化即为磁盘省去大量空间；其次就是占用资源低，对系统性能影响趋向于零；此外，还融入了最新的"云安全"技术，大大地提升了系统的安全性。

查杀病毒只需打开瑞星全功能安全软件主程序的【杀毒】页面，在左侧的对象栏中选择【查杀目标】或【快捷方式】，选定查杀目标后，单击设置

栏中的【开始查杀】按钮，开始进行查杀，查杀期间，您可以随时暂停查杀或停止查杀。

如果您需要对某一文件杀毒，也可以拖拽该文件到软件的主界面上，也可以选中该文件单击鼠标右键，选择【查杀病毒】，此时杀毒软件将自动转到开始查杀，并显示杀毒结果。

……

以上的这些功能可以帮助贵公司解决……问题，只需要……就可以轻松解决。

今天的演示就到此结束了。如果大家对这款杀毒产品还有什么疑问，现在可以提出来，我将会为你解答，谢谢大家。

【案例二】

一天，店铺里来了一位年轻人，小东迎了上去。

小东：你好，欢迎光临！

顾客：你好，老板，我想组装一台电脑。

小东：好的，请问要什么样的配置呢？

顾客：请你给我一些建议参考一下？

小东：你购买这台电脑的主要功能和用途是什么呢？

顾客：主要是很平常的应用，例如办公软件、上网聊天、看视频而已。我平常不怎么玩游戏。

小东：你预算多少钱组装这台电脑？包不包括显示器、鼠标、键盘之类？

顾客：大概 2 200 至 3 500 元吧。不包括显示器和键鼠，我已经有这些东西了。

小东：那你有没有偏好的品牌？

顾客：没有，只要符合要求就可以了，最好能有优惠。

小东：明白了。不如你看一下这个配置，首先根据你的需求……

（向顾客推销过程中）

顾客：那我就要你说的那个配置吧！

小东：好，请跟我到收银台付款，然后我再到仓库里面拿货给你。

小东：货已经拿出来了，你要检查一下吗？

顾客：打开让我看一下吧。

小东：好。

顾客：行了，开始吧。

（组装过后）

小东：机子已经组装好，请问还有什么需要吗？

顾客：你帮我把系统和软件装好，一步到位。

小东：这样的话，先生，我推荐你买正版微软 Windows 系统。

顾客：不是店铺给我免费安装的吗？

小东：很多店铺在组装完电脑后，都会免费给顾客装系统，其实那都是盗版 Windows 系统，属于侵权行为。而且这些系统还可能有很大的风险，会影响你的日常使用，而正版则不存在这样的问题，这次你来我们店铺购买组装机，也是想质量有保障。我们店铺和微软中国有合作，也有销售微软的 Windows 系列系统，外面挂了与微软中国公司合作的牌子，或者你来看一下这里的正版系统吧。

顾客：等等！正版系统？那岂不是很贵？少说也要一两千块啊！超出预算了！

小东：你说的是 Windows 的高级版本，那些版本是给专业人员使用的，价格当然不便宜。按你的需求，其实用一般的版本就可以了，价格合理，而且不超过你这次装机的预算。花多一点钱，可以使自己的机器更稳定，用得更安全。何乐而不为？

顾客：你先给我看一下吧。

小东：好，请跟我来，按照你刚才跟我说的要求，我建议你⋯⋯

（介绍过程）

顾客：经你这么一说，原来操作系统也有这么多学问啊！那好，我就要你刚才介绍的正版的 Windows7 家庭版系统吧。

小东：请到收银台付款，我立即给你安装。

（安装系统中）

小东：系统已经安装好了，剩下的软件，你有什么特别的要求吗？我推荐你用一些免费的软件。就功能来说，他们比收费软件的功能差不了多少。

顾客：这样最好！我不想再花钱买其他软件了！

小东：我理解你的心情，稍等，我帮你安装一些日常应用。

小东：请问你需要哪一款免费杀毒软件呢！

顾客：我对这不清楚，你对这些东西这么熟悉，推荐一个吧！

小东：那就 360 杀毒软件吧，它是国内免费杀毒软件做得比较好的一个，采用了四引擎。而且这家公司也在计算机安全方面很有名，国内很多病毒、木马都是它第一时间发现而且有解决方案的。

小东：我们的机器上安装的也是这个杀毒软件，我拿给你看一下。看，操作界面简洁吧！

顾客：这家公司我看过他们的广告，那就安装这个软件吧！

小东：电脑已经按照你的要求安装好，能正常开机。

顾客：好，关机让我拿走吧！

小东：我帮你包装好。请拿好你的机器、光盘还有相关单据。慢走！

案例分析：

案例中小东说的安装盗版 Windows 系统，在电脑城中的确存在。部分商家在把配件组装完后，给顾客安装盗版的 Windows 系统。这些盗版的 Windows 系统不仅是侵权的行为，也有可能存在流氓软件、浏览器首页劫持、后门、高危漏洞、病毒等隐患。这次销售中，小东向顾客耐心讲解之外，还掌握了顾客的消费心理，为其推荐了合适的杀毒软件。

【练一练】

1. 请说出上述案例中，小东抓住了顾客什么消费心理？

_____

_____

_____

_____

_____

_____

2. 小东为什么能获得顾客信任？

_____

_____

_____

_____

_____

3. 请同学们分组模拟上述情景进行软件推销。

【案例三】

小东在销售这个岗位上工作了一段时间后，通过自己上网的学习及向不同类型的顾客进行推销，慢慢积累了一些销售经验。

同事：小东啊，帮帮忙，我接待了一位客人，他好像是对计算机这方面很熟，讲的问题我都听不明白，我记得你是读计算机专业的？

小东：我不能保证我能全部回答他的问题，但我尽力吧。

同事：行了，这个我明白，看样子，这个人是大客户呢！

小东：你这么确定？

同事：不说了，见到他，你就明白了。

（小东跟着同事来到了这位顾客面前。）

小明：先生，让你久等了，你的要求比较特殊，我找另一位同事来解答你的问题。

小东：先生，你好，我叫小东，请问有什么可以帮你？

顾客：我要组装一台电脑，顺便看一下软件，如果适合的话，我就一起购买。

小东：好的，因为刚开始与先生你接触，所以不知道先生你要一台什么配置的电脑呢？

顾客：没问题，配置都写在这张纸上面了，你看看吧。

（小东一看，心里不禁一惊，好高端的配置！每件配件的价格都不便宜！）

小东：具体情况我已经大概了解了，看得出来，先生你是对硬件有一定要求的，但是先生，恕我直言，你真的需要这么高的配置吗？这里每个配件价格都不菲。

顾客：我知道不便宜，但我知道自己的需求，就要这个配置。问题是，你们这里有没有我要的这件配件？

小东：有，请问就要这一个配置吗？

顾客：是。你到仓库里面拿货出来给我检查一下。另外，给我装一个Windows 7专业版，我看到店铺外面挂着微软产品销售点的牌子，这里肯定有正版Windows系统卖，顺便安装了。这次我有个要求，必须要安装正版系统。另外，我还要安装一个Linux内核的系统。

小东：你要安装双系统？好，请先到收银台付款，我马上给你拿货，然后再拿正版系统盘给你安装。

顾客：好。

小东：配件已经拿出来了，由我来拆开，你检查一下吧。

顾客：让我看看。看上去没什么问题，开始组装吧。

小东：请稍等。

（小东帮助顾客组装好电脑。）

小东：电脑已经组装好，现在开机装系统。不如先安装Windows系统。如果装Linux系统再安装Windows系统的话，会很麻烦的，Windows系统在安装时会覆盖Grub，到时候要重新处理那又要花费时间了。

顾客：你也知道这个！看来你也在电脑上试过同时安装Windows和Linux内核的双系统组合。

小东：是呀，我也试过这么做。那现在就先安装Windows系统？

顾客：好，你叫小东是吧？

小东：没错，那我就开始安装了。

（小东开始着手为顾客安装系统。）

小东：先生，你要安装 Linux 哪个发行版本？

顾客：Gentoo，我已经按我自己的需求编译好，打包成镜像文件放在了移动硬盘里，等你安装完成后，我再用移动硬盘安装吧。

小东：先生，你是计算机专业人员或者是这方面的爱好者吧？

顾客：你是从交谈中猜测出来的吧？我的确是专业人员。我猜你也多少对计算机有了解吧？你的同事刚才听见我说"安装双系统"、"Linux"之类的词，好像都不太明白。

小东：接触过一点吧，不过对比起你来说，我真的是初入门的新手，不敢班门弄斧啊！

顾客：谦虚了，小东。

小东：Windows 7 专业版已经安装好且成功激活，你需不需要再优化一下？

顾客：好，等我自己来吧。你给我推荐一款 Windows 系统下的杀毒软件吧。虽然我对电脑熟悉，但还是装一个杀毒软件比较好。

小东：好的，请问你有什么要求呢？

顾客：尽量不要给我介绍国内厂家的杀毒软件，他们达不到我想要的要求。他们所说的那些功能，很多时候都只是吹嘘而已。

小东：那你有没有对哪个厂家有偏好呢？要配搭些什么来使用呢？

顾客：没有，我现在安装了一个 Comodo（科摩多）的防火墙，打算与杀毒软件配搭用。

小东：请稍等，我为你挑选一下杀毒软件，你优化完 Windows 系统后，可以自己先安装 Linux 内核系统！

顾客：好。

（小东找来同事小明，说明情况，并拜托小明再次接待这位客人。）

小东并没有马上去挑选杀毒软件，而是先去联系店长，说明情况，看能不能为这位顾客提供"拷机测试"，经过与店长的沟通，最终店长同意了。

在打电话的同时，小东也通过店里的公用电脑，访问了国际著名的杀毒软件测试网站，下载了最新版的测试杀毒软件查杀能力的数据包，拷到了 U盘中，并快速查看了该网站的最新杀毒软件通过率排行榜。这时他再去挑选符合顾客要求的杀毒软件。最后他找来了三台演示的电脑，为其中两台电脑安装上他所推荐的两个杀毒软件的试用版，把数据包拷到电脑上，这才拿着推荐的杀毒软件回来。

小东：抱歉让你久等了！根据你的要求，为你挑选了三款我认为适合你的软件，你看一下。

顾客：原来是这三个软件啊！

小东：是的，首先来看一下 ESET NOD32 Antivirus。这个厂家成立于1992年，而这个杀毒软件的核心是启发式引擎，具有占用系统资源小，发现未知病毒能力强等特点。不知你知不知道，在国内厂家还在紧急研究如何查杀"熊猫烧香"及其变种的时候，这个杀毒软件已经有能力查杀"熊猫烧香"及其部分变种病毒了！而且它还是 VB100 通过次数最多的杀毒软件！

顾客：这事我听说过，这和国内的厂商，唉，不说了。这个软件的启发式引擎是做得不错的。

小东：我理解你的心情，谁也不想自己的电脑上面装了两个不同厂家的软件，突然有一天，电脑上这边出现一个"我们刚才做出了一个艰难的决定……"那边又出现一个"给全体网民的一封信：共同抵制某某软件……"所以你才做出了一个艰难的决定——花多点钱，买个安心。

顾客：哈哈！你可够幽默的！那好，在我做出这个"艰难的决定"前，你再给我介绍其他的。

小东：然后就是比特梵德杀毒软件。

顾客：Bitdefender？

小东：对！这个老牌的安全厂商这几年也进入了中国市场，它的反病毒、防间谍软件的能力都很优秀，也多次通过了 VB100、AVC 的评测。

顾客：看你对这方面还是有了解的。还有一款软件，是诺顿的产品吧？也是比较有实力的。

小东：对啊！我向你推荐的都是一些比较有实力的品牌。

顾客：我就是不知道这三款软件现在的操作界面变成怎样了，还有查杀能力究竟如何？

小东：我们店铺的电脑上也装了这几个软件，可以给你演示一下。我看你的工作对电脑的稳定性要求比较高，不如这样，你运行拷机的程序，试一下这个配置是不是稳定，然后跟我去看一下？

顾客：还提供拷机？我现在就运行拷机的软件，然后跟你去看一下。

小东：先生，如果你要进行拷机，能不能把这台电脑放到店里的那个地方？（用手指示给顾客看）那里有电源，还有桌子和椅子，你站了那么久，有点累了吧？不如你和我看完软件后，再回到这里，边休息边进行拷机测试。

顾客：好。

小东：我帮你拿过去。

（小东把机器和光盘搬到指定地方后，接上电源开机，让顾客开始运行拷机程序。小东拜托了一位同事看好这些东西后再请顾客走到演示机器前。）

小东：就是这三台机器，你可以看一下它们的操作界面是否适合你。然后，这个文件夹里面有一个检测软件查杀能力的数据包，里面有若干个样本，我们可以测试它们的查杀能力。

顾客：好，开始吧！

小东：好，现在开始测试。

在测试过程中，这位顾客通过操作看到软件在查杀时所占用的系统资源。

测试完毕后，小东发现三款软件的查杀能力都差不多。

小东：测试完毕，可以看到，这三家的软件查杀实力旗鼓相当。当然，挑选杀毒软件也不只是看它的查杀能力有多高，还要综合考虑，至于软件通过了什么测试，我想还是作为一个参考吧，最重要的是适合你的需求。你对计算机方面这么熟悉，我就不多说了。你要哪个杀毒软件？看好了之后可以跟我说。

顾客：这话说得中肯，好，等我试一下再做决定。

（一会儿之后。）

顾客：我想就买诺顿的杀毒产品吧。

小东：好的，先生，诺顿的这款产品正好有优惠活动，原价269元，现在只要200元就能购买。

顾客：是吗？我马上付钱。

小东：这边请。

（顾客付款后，小东和顾客一起回到放机器的地方。）

小东：你要不要忙别的事？如果要的话，你留下联系方式，机器就放在我们这里测试，如果没问题的话，我再通知你来拿。

顾客：不用，我今天有时间。

小东：要不要喝水或者看点报纸、杂志之类的？拷机可是要等较长时间的。

顾客：我自己带来了。

小东：好，杀毒软件的安装盘就放在这里，你拿好，拷完机之后再安装吧。你如果有什么问题可以再叫我或我的同事。

顾客：好，你忙你的吧。

小东：失陪了！

（小东回到岗位上继续接待顾客。）

几个小时后。

顾客：小东！机器我测试过了，没有什么问题，杀毒软件我已经安装了，也叫你的同事把机器和光盘包装好，我现在走了！

小东：没问题最好，东西都拿好了吗？个人物品、相关发票，这些东西都很重要。

顾客：多谢你提醒，我已经检查好了。你是一位幽默、细心且对计算机有一定了解程度的销售员。

小东：过奖了，你也是一位对计算机方面十分了解且细心、健谈的顾客。慢走！

顾客：再见！

案例分析：

对于这一类顾客，处理起来的确需要一些技巧，因为他们对产品比较熟悉，而且也愿意为此而去花费钱财。所以销售人员平日里的销售方法对这类顾客起不了大的作用。他们看中的是产品在实际应用中的表现和销售人员提供的详细资料。对于这一类顾客，必须问清楚他们所关心的问题，针对其进行详细说明。必要时可加上演示、相关机构的证明等作为辅助，尽量做到"有根有据"，让这类顾客自己作出判断。如果顾客提出的问题自己实在解答不了，可求助技术部或找一个熟知产品性能及信息的人员来对这类顾客进行解答（如案例中的小明）。

【练一练】

1. 请说出上述案例中，小东的销售技巧是什么？优点是什么？

_____

_____

_____

_____

_____

2. 小东为什么能获得顾客的信任？

_____

_____

_____

_____

_____

3. 请同学们分组模拟上述情景进行软件的推销。

4.3 售后服务

4.3.1 情景描述

小东这次的演示非常成功，客户对该软件有很高的评价，马上就跟小东的公司签订了合同。一个星期后，小东接到了该客户打来的电话，客户在电话里反映杀毒软件的使用出现了一些问题，希望小东到他们公司帮忙解决。小东应该怎么处理呢？

4.3.2 概述

在购买杀毒软件后，用户最常问的杀毒软件问题有十个。作为销售人员，我们应该掌握回答的技巧。

（1）为什么翻译软件、读屏软件无法在毒霸 2009 界面中取词？

为了保证杀毒软件本身不受恶意软件的侵犯，大多数杀毒软件都有"自保护"功能，不允许对软件本身的进程进行访问，比如盲人读屏软件、翻译类的取词软件等都需要对软件进程本身进行一定程度的注入才可正常运行。毒霸 2009 最新版本允许用户选择可信任的软件与毒霸进程进行一定程度的交互。比如一位用户需要用金山词霸对毒霸的界面进行取词翻译，只要将金山词霸的安装路径添加到"自保护信任"的路径列表中就可以了。

（2）毒霸 2009 把我的远程管理软件当作黑客程序给删除了，可这个工具我确实有用，怎么办？

毒霸 2009 最新版本可以帮助用户更加自由地管理自己的文件。用户可以将某一个文件夹或者某一类型的文件设为过滤目标，毒霸的实时防毒功能就会跳过这些特殊目录和某一类型的文件，从而提高查杀效率。比如一些热爱反病毒事业的用户，他们可能会收集一些病毒样本作为研究资料。在改进前，毒霸的实时防毒功能总是尽职地将这些病毒目标一一干掉。现在，只需要把存放样本的目录设为过滤项，问题就轻松解决了！不过，不推荐普通用户改变实时监控的过滤选项。

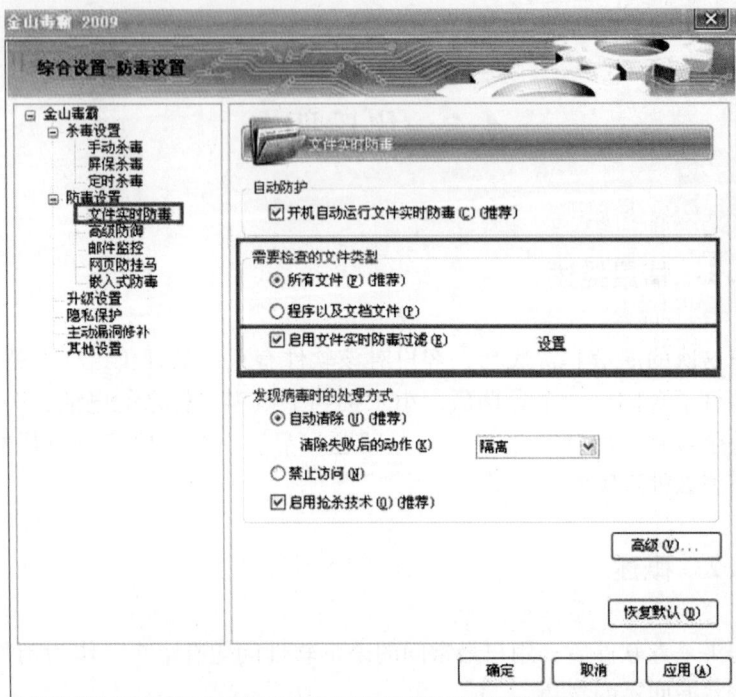

（3）我的毒霸升级服务时间过期了，已经不能升级了，有什么危害吗？如何续费？

毒霸若不能继续升级可能会导致无法防御或查杀最新的病毒。建议用户及时充值保证毒霸的病毒库按时升级。充值续费可登录 pay.kingsoft.com 网页选择付费方式，根据网页提示操作即可。

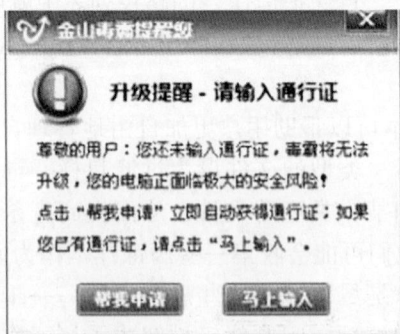

（4）我通过银行卡充值方式购买了一年服务时间，为什么通行证却无法

使用呢？

在进行银行卡充值操作时，请注意一定要填写已有的通行证用户名，还得记得密码，这样才能保证您充值后通行证可以正常验证。如果确实充错，建议用户及时联系客服工作人员解决。

请输入您想要充值的通行证信息：没有金山通行证帐号？点击这里注册

金山通行证帐号：　　　　　　　　　　　　　　如何查看通行证帐号？

请再次输入金山通行证帐号：

确认订单

（5）为什么使用清理专家修补漏洞，其中 Microsoft Office 的漏洞安装不成功？

Microsoft Office 自身软件版本多样，存在各种各样的盗版，同时补丁安装环境十分复杂，有可能与您机器上的 Office 版本不兼容。由于其自身软件版本问题导致补丁安装失败的情况，建议用户直接在清理专家中设置将其忽略。同时推荐用户卸载 Microsoft Office，安装与其完全兼容的 WPS Office，从此不再有 Office 补丁安装不上的烦恼。

（6）我觉得随着不断升级，毒霸安装目录体积变大，怎样才能让毒霸"瘦身"呢？

为了再次精简毒霸的体积，满足用户需求，最新版本提供了毒霸清道夫功能，勾选这个功能后会在每次升级完成时，后台自动清理毒霸目录下无用文件，让毒霸目录总是时刻最小最精简。

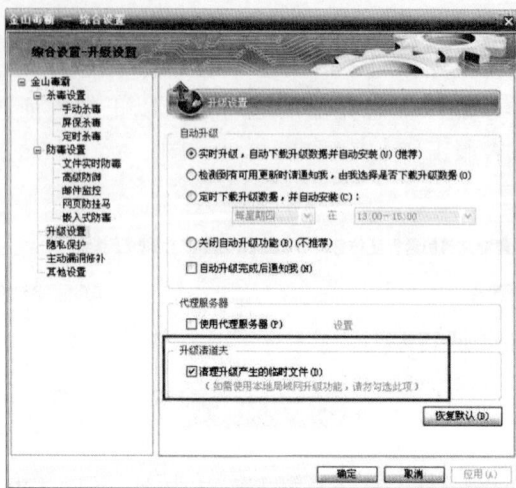

（7）我上网的时候网镖总弹出网络访问提示要我选择，我也不知道怎么选，有什么好办法吗？

建议用户打开金山网镖2009，将"监控状态"标签下的"可信认证智能判断"功能开启。如有程序访问网络会在后台直接连接到毒霸可信认证服务器检查。如果程序正常，网镖就会直接放行，不会再次弹出网络访问提示让用户选择。

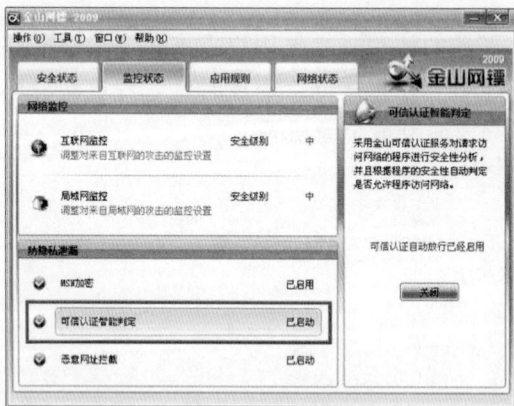

（8）病毒把我的一些系统文件修改了，造成电脑安全模式进不去、注册表和任务管理器无法打开、运行和注销按钮消失等问题，现在怎么办？

建议用户将毒霸升级到最新版本并查杀病毒木马，再运行金山系统急救箱即可自动修复此类系统问题。下载地址：http：//www. duba. net/zhuansha/。

（9）为什么我点击毒霸的在线升级提示我下载升级信息文件失败？

建议用户检查金山网镖应用规则中是否禁止了升级程序。如果是允许状态，请检查系统中是否安装了第三方防火墙拦截导致（同一系统中无须安装多个防火墙，建议用户卸载）。

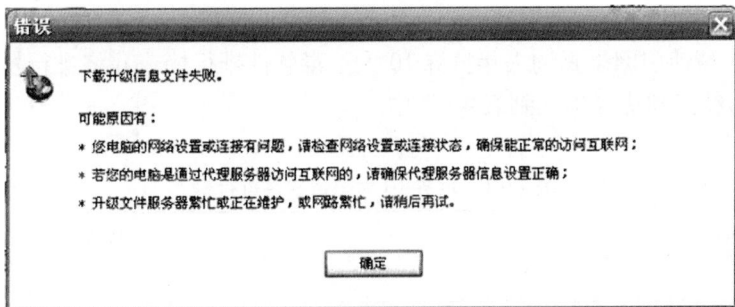

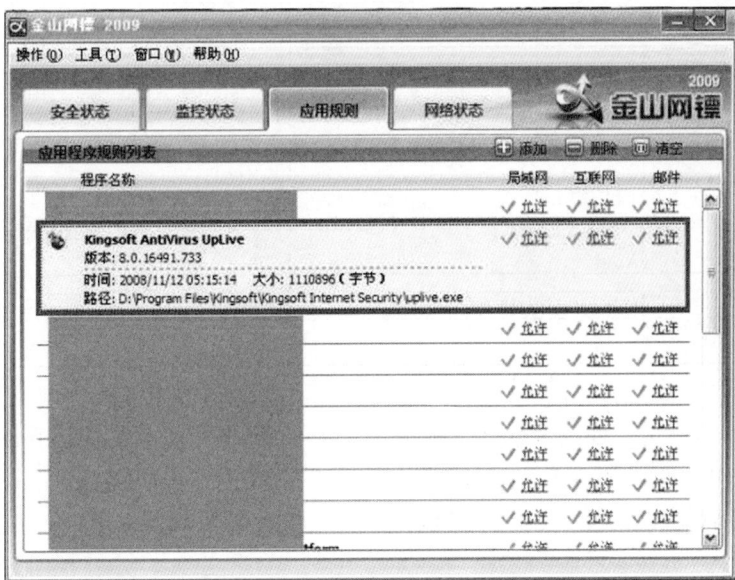

（10）我的电脑安装有毒霸 2009 杀毒套装，其他计算机为什么无法连接我的计算机共享打印，需要退出文件实时防毒才可以？

部分用户反应毒霸网络监控过于严格，严重时可能影响局域网内的共享互访（如共享打印机访问等）。针对这一反馈，毒霸 2009 对引擎进行了针对性优化，并对防御策略进行了调整，较大程度地改善了用户的操作体验。用户只要将毒霸升级到最新版本即可解决。（摘自至顶网）

4.4 网络软件销售实战

（1）请使用网络查询去年世界 10 大杀毒软件排行榜，并将排行榜上的软件名称、特点和优点填入到表 4 – 1 中。

表 4 – 1　世界 10 大杀毒软件排行榜

名称	特点	优点

（2）请挑选一种杀毒软件，根据其产品手册制作出页数不少于 8 页的幻灯片（PPT）设计稿（参见表 4 –2）。

杀毒软件：_____　设计模板：_____　幻灯片切换方式：_____

表 4 - 2　××杀毒软件设计稿

幻灯片序号	构图	图片内容	文字说明	声音
例子		类型：静态（动态) 内容：商品正面照等	标题：…… 内文：……	有（无） 类型：爆炸
1				
2				
3				
4				

（续上表）

幻灯片序号	构图	图片内容	文字说明	声音
5				
6				
7				
8				

思维导图：

（3）演示产品

要求：

①每组派不多于两位同学上台完成演示；

②每组规定演示时间在 5 至 10 分钟；

③除当前演示组外其他组看完演示后要对该小组的产品手册内容提出一个或以上的问题，问题可由当前演示组任何组员回答；

④当前组演示并回答完问题后，所有小组和教师都要给该小组评分，去掉一个最高和最低分后取平均分即为该组演示得分。

参考文献

［1］玲玉．客户服务与管理［M］．北京：电子工业出版社，2010.

［2］卓志宏，陈剑．IT 产品销售与服务［M］．北京：清华大学出版社，2012.

［3］孙良贻．网络产品销售与服务［M］．北京：中国铁道出版社，2012.

［4］待忠．做个会讲故事的导购员［M］．北京：北京大学出版社，2013.

［5］jjlhzjkj．笔记本电脑销售技巧［DB/OL］．http://wenku. baidu. com/view/8fee7efaaef8941ea76e05ee. html.

［6］dgtgfjhh．如何做好软件产品演示［DB/OL］．http://wenku. baidu/view/908aeod5c1c708a1284eb. html.

［7］韩雪涛．办公设备维修就这几招［M］．北京：人民邮电出版社，2013.

［8］张榕，马世娟．IT 职场模拟舱 办公设备配置与选购［M］．北京：人民邮电出版社，2013.

［9］13142723977．第一次拜访客户［DB/OL］．http://doc. mbalib. com/view/d78e5048a19c4dbfd5751f89a7e87007. html.

终端产品销售轻松入门